# 핵심만 추린 목공 스케치업

# 핵심만 추린 목공 스케치업

3D 모델을 빠르고 정확하게 그리는 네 가지 핵심 규칙

데이비드 하임(David Heim) 지음
이재규 옮김

Sketchup ® Success for Woodworkers
Original edition Copyright © 2018 by Springhouse Press.
All rights reserved.

Translation into KOREAN LANGUAGE Copyright © 2020 by CIR Co., Ltd.
Korean translation rights arranged with Springhouse Press
through EYA (Eric Yang Agency).
All rights reserved. Published under license.

이 책의 한국어판 저작권은 EYA (Eric Yang Agency)를 통한
Springhouse Press 사와 독점계약으로
도서출판 씨아이알이 소유합니다.
저작권법에 따라 한국 내에서 보호를 받는 저작물이므로 무단 전재 및 복제를 금합니다.

# 핵심만 추린 목공 스케치업
## 3D 모델을 빠르고 정확하게 그리는 네 가지 핵심 규칙

| | |
|---|---|
| 초 판 인 쇄 | 2020년 2월 18일 |
| 초 판 발 행 | 2020년 2월 25일 |
| 초 판 2 쇄 | 2022년 12월 30일 |
| | |
| 저 자 | 데이비드 하임(David Heim) |
| 역 자 | 이재규 |
| 펴 낸 이 | 김성배 |
| 펴 낸 곳 | 도서출판 씨아이알 |
| | |
| 책 임 편 집 | 박영지 |
| 디 자 인 | 윤지환, 도담북스 |
| 제 작 책 임 | 김문갑 |
| | |
| 등 록 번 호 | 제2-3285호 |
| 등 록 일 | 2001년 3월 19일 |
| 주 소 | (04626) 서울특별시 중구 필동로8길 43(예장동 1-151) |
| 전 화 번 호 | 02-2275-8603(대표) |
| 팩 스 번 호 | 02-2265-9394 |
| 홈 페 이 지 | www.circom.co.kr |
| | |
| I S B N | 979-11-5610-668-5 (13630) |
| 정 가 | 15,000원 |

© 이 책의 내용을 저작권자의 허가 없이 무단 전재하거나 복제할 경우 저작권법에 따라 처벌받을 수 있습니다.

# 감사의 글

**옛**말에 이르길, 자신의 성공을 도와준 사람은 1,000명에 이른다고 한다. 하지만 이 책은 딱 두 명, 데이비드 리차드와 팀 킬른에게 신세를 졌다. 이들은 나에게 스케치업을 가르쳐준 고마운 친구들이다. 게다가 새로운 기술과 팁을 끊임없이 알려주었다. 그들의 전문 지식을 나와 공유하느라 쏟은 시간과 인내심은 영원히 잊지 못할 것이다. 내 아내 캐서린 포란에게도 감사의 마음을 전한다. 그녀가 궂은일은 도맡아 해주었기에 내가 책을 쓰는 데 필요한 시간을 얻을 수 있었다.

마지막으로 매튜 티그, 폴 맥가렌 등 나를 도와주고 지원해준 스프링 하우스 출판사 관계자들께도 감사를 드린다.

# 목 차

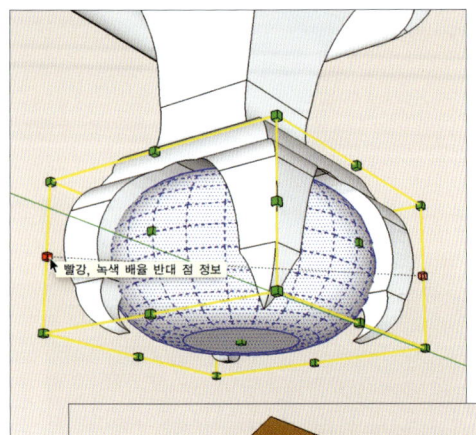

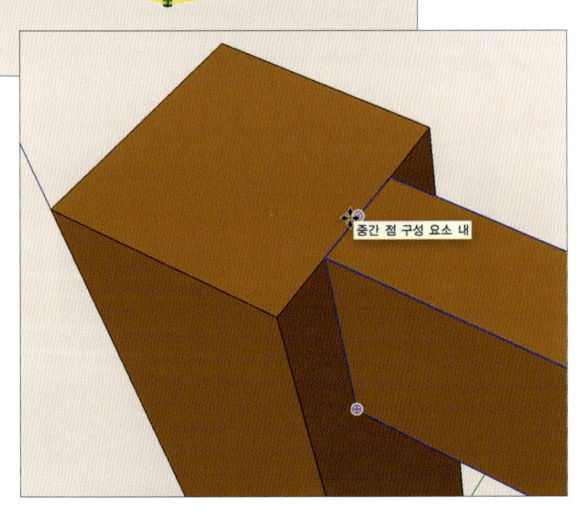

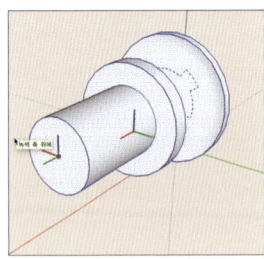

소개: 스케치업 버전과 기능..........8

**1** 작업공간과 도구..........................16

**2** 판재 만들기................................26

**3** 규칙 1:
항상 구성 요소로 작업하라.......36

**4** 규칙 2:
한 번 그렸으면,
되도록 많이 써라.........................44

**5** 규칙 3:
측정과 이동을 최소화하라.........50

**6** 규칙 4:
목공하듯이 모델링하라..............58

**7** 치수 추가하고 도면 인쇄하기 .... 66

**8** 두 도형으로
복잡한 모양 만들기 ..................... 74

**9** 따라가기 도구 정복하기 ............. 84

**10** 스케치업에서 이미지 활용하기 .. 96

**11** 추천 스케치업 플러그인 ........... 102

**12** 렌터링에 대한 짧은 소개 .......... 108

부록:
더 많은 정보 얻기 ....................... 112

찾아보기 ........................................ 114

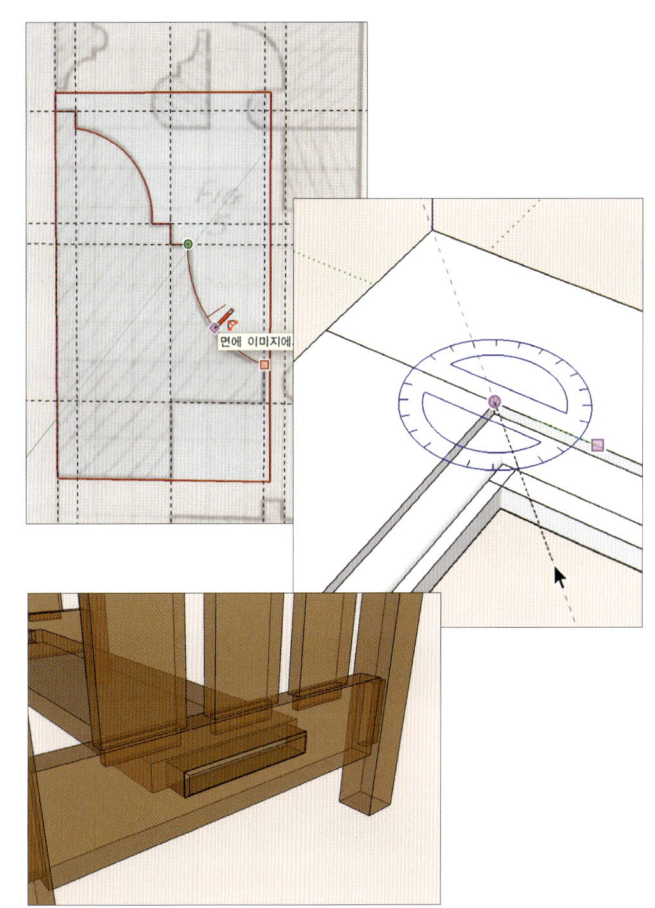

# 소개
# 스케치업 버전과 기능

스케치업을 이용하여 모든 스타일의 가구를 3D 모델링 할 수 있으며, 하나하나 조립해볼 수도 있다. 모델을 일단 만들고 나면, 정확한 도면을 만드는 데 활용할 수 있다.

**나**는 스케치업SketchUp을 2007년부터 사용했다. 이 3D 설계 프로그램이 어떻게 동작하는지 얼마나 쉽고 강력한 기능을 가졌는지 알게 된 후부터, 나는 T자와 삼각자를 멀리 치워버렸다. 그리고 도면을 컴퓨터에서 그리기 시작했다. 세월이 흘러 2014년에는 목공 전시회의 주말 프로그램에서 스케치업을 강연하기 시작했다. 강연을 준비하면서 나는 스케치업으로 성공적인 모델링을 하기 위한 핵심 규칙들을 다듬을 수 있었다. 그리고 이 핵심 규칙을 여러분과 공유하고자 한다.

### 먼저 알아둘 점

본질적으로 스케치업은 컴퓨터를 이용한 설계 CAD 프로그램이다. 콜로라도 볼더에 사는 엄청나게 똑똑한 사람들*이 '무지렁이를 위한 CAD'를 만든 것이 그 시작이다. 다른 CAD 프로그램에 비해 스케치업은 간단하고 쓰기 쉬웠으며 훨씬 더 직관적이다. 게다가 훨씬 더 저렴하기도 하다. 나는 학생들에게 이렇게 얘기한다. 아침에 스케치업을 다운로드하면 저녁에는 근사한 도면을 그릴 수 있다고. 솔직히 말해서 그리 큰 과장도 아니다.

지난 10년 동안 스케치업은 두 가지 버전이 있었다. 그중 하나는 개인용으로 사용할 수 있는 무료 프로그램이다. 나중에는 이를 스케치업 Make라고

* 1999년 브래드 쉘과 조 에시가 콜로라도 볼더에서 @Last 소프트웨어 회사를 설립하고, 2000년에 스케치업 첫 버전을 발표했다.

## 스케치업 버전과 기능

불렸다. 다른 하나는 돈을 주고 구입해야 하는 스케치업 Pro이다. 이 버전은 스케치업을 업무용으로 사용하는 고객을 대상으로 한다. Pro의 가격은 80만 원 정도이며, 이는 1년간의 유지보수 및 업데이트를 포함한 것이다.*

스케치업은 대략 1년에 한 번 정도 버그를 수정하거나 기능을 개선한 새 버전이 나온다.

나는 스케치업 Pro를 기준으로 이 책을 썼다. 그러나 거의 대부분의 내용은 스케치업 Make에서도 가능하다.

### 새로운 선택

이 책이 나오기 직전에, 스케치업은 다음과 같이 중대하고 다소 논란이 있는 정책 변경을 하였다.

다운로드하여 설치할 수 있는 스케치업 Make 외에도 다른 무료 옵션이 생겼다. 웹 브라우저에서 동작하는 스케치업 Free가 새로 출시되었기 때문이다. 스케치업 Make와 Pro는 Windows와 Mac OS X에서 동작한다. 하지만 스케치업 Free는 어떤 운영체제든 상관없이 최신 웹 브라우저만 있으면 실행할 수 있다.

하지만 다운로드하여 설치하는 버전에 비하면, 스케치업 Free는 몇 가지 제약사항이 있고, 이 점을 못마땅해하는 사람이 적지 않다. 12쪽에 이에 대한 자세한 내용을 적었다.

스케치업은 Make 2017 이후로는 더 이상 Make 버전을 출시하지 않겠다고 공표했다. 하지만 당분간은 무료로 다운로드**하여 사용할 수 있을 것이다. 그러나 많은 스케치업 사용자들이 Make 2017을 못 쓰게 되는 건 시간문제라고 예측하고 있다.

나의 제안은 이렇다. 스케치업 Make 2017을 사용할 수 있을 때까지 계속 사용하라. 이것이 스케

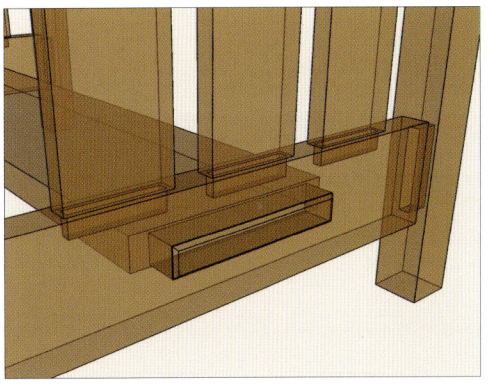

스케치업 Make와 Pro는 X선 보기 모드를 지원한다. 이 모드를 쓰면 모델의 내부를 들여다볼 수 있어서, 결합 부위가 이상 없는지 점검할 수 있다.

나무 텍스처를 모델에 입히면, 진짜같이 보인다.

\* 최근에는 일시 판매가 아닌 구독 모델로 바뀌었다. 월 1만 원이면 Pro 버전을 사용할 수 있다.
\** 스케치업 Make는 www.sketchup.com/download/all에서 다운로드할 수 있다. 한글판도 다운로드할 수 있으며, 이 책도 한글판을 기준으로 한다.

## 스케치업 버전과 기능

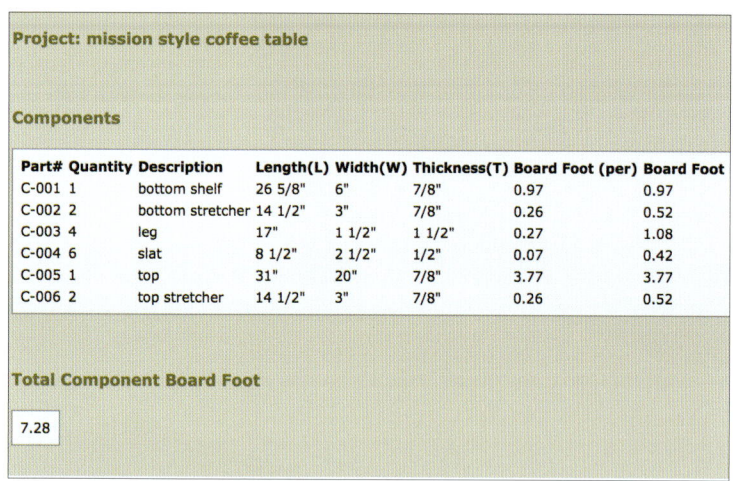

별도의 무료 앱이나 플러그인을 사용하면 만들고자 하는 작품의 재단 목록을 자동으로 만들 수 있다. 이 프로그램은 필요한 목재의 부피와 면적도 계산해준다.

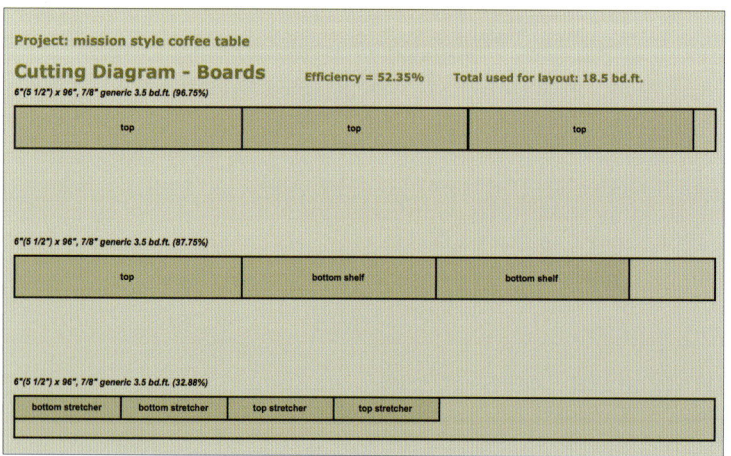

이 프로그램은 대략적인 재단 도면도 제공하여 버려지는 부분을 줄일 수 있다. 하지만 실제로는 판재의 결함을 피해야 하거나, 색상과 나뭇결을 맞추기 위해 계획보다 많은 목재가 필요한 경우가 허다하다.

\* 주로 2차원 벡터 그래픽을 그리는 프로그램이다.

치업의 모든 기능을 무료로 사용할 수 있는 유일한 방법이다. 스케치업 Free는 당신의 컴퓨터를 사용할 수 없는 경우에 쓸 수 있도록 배워두는 것이 좋다. 만일 스케치업을 업무용으로 사용한다면, 스케치업 Pro를 구입해야 한다.

### 가상현실

스케치업에 대해서 명심해야 할 중요한 두 가지 사항이 있다.

1) 당신은 항상 3차원 물체를 다룬다.

2) 당신은 항상 실제 크기를 다룬다. 스케치업에서 1미터는 실제로 1미터이다.

스케치업에서도 도형을 그릴 수 있지만, 어도비 일러스트레이터$_{Adobe\ Illustrator}$*같이 전문적으로 그림을 그리는 프로그램은 아니다. 도형을 하나의 가상적인 판재라고 생각해보자. 실제 공방에서 작업하듯이 각 판재의 길이, 너비, 두께를 정하고, 판재를 결합해볼 수 있다. 실제로 만들 작품을 3D로 그려보는 것 이상의 의미가 있다.

실제 크기와 결합 구조를 가진 판재를 조립하여 진짜 같은 모델을 만들 수 있다. 손잡이나 경첩 같은 철물을 달아볼 수도 있다. 이렇게 상세하게 모델링하면 작업할 때 시행착오를 줄일 수 있다.

목공 작업을 스케치업으로 모델링하는 것은 다음과 같은 세 가지 장점이 있다.

**결합 부위 점검.** 스케치업 Make와 Pro는 X선 보기 기능을 제공한다. 이를 통해 내부를 들여다볼 수 있어서 주먹장의 핀과 테일이 잘 맞물리는지, 장부와 장부 구멍이 잘 맞는지 확인할 수 있다. 실수를 미리 알아챌 수 있다면, 나무를 자르기 전에 미리 계획을 수정할 수 있어 매우 유용하다.

**미리 조립해보기.** 컴퓨터에서 부재를 미리 조립해 보는 것은 실제 공연에 앞서 무대 연습을 하는 것과 같다. 머릿속에서 전체 제작 과정을 그려봄으로써 공방에서의 실제 작업을 순조롭게 할 수 있다.

**정확한 도면 그리기.** 스케치업 모델을 이용하면 치수가 기록된 도면을 만들거나, 실제 크기의 패턴과 템플릿을 쉽게 만들 수 있다. 도면에 기록되는 치수는 스케치업 모델을 만들 때 사용한 크기를 그대로 반영한다. 따라서 이 치수는 모두 정확한 것이라고 볼 수 있다. 또한 무료이지만 따로 설치해야 하는 스케치업 플러그인을 이용하면, 모델로부터 재단 목록과 재단 도면을 만들 수도 있다(11장의 관련 플러그인에 대한 설명 참고).

### 정리하면

내게 스케치업을 소개해준 사람은 은퇴한 엔지니어이자 아름다운 가구를 만드는 팀 킬룬이다. 그는 스케치업을 쓰면서부터, 목공하는 법이 완전히 바뀌었다. 팀은 아무리 간단한 프로젝트라도 스케치업으로 먼저 모델을 만들고 도면을 뽑기 전에는 절대 제작에 들어가지 않는다.

실제 판재를 가공하고 결구를 만들다보면 익숙한 느낌이 들 것인데, 그것은 스케치업을 통해 미리 머릿속으로 만들어봤기 때문이다. 그 결과로 실수와 비용을 줄이고, 제작 시간도 단축할 수 있다.

스케치업이 단순하고 직관적이긴 하지만, 이것도 나름대로 학습 곡선이 있다. 프로그램을 올바르게 사용하려면, 기본 개념과 모델을 빠르고 정확하게 만드는 몇 가지 방법을 배워두어야 한다.

이 책을 통해 내가 정리한 스케치업 정복 지침을 설명할 것이고, 이것이 많은 도움이 될 것이다.

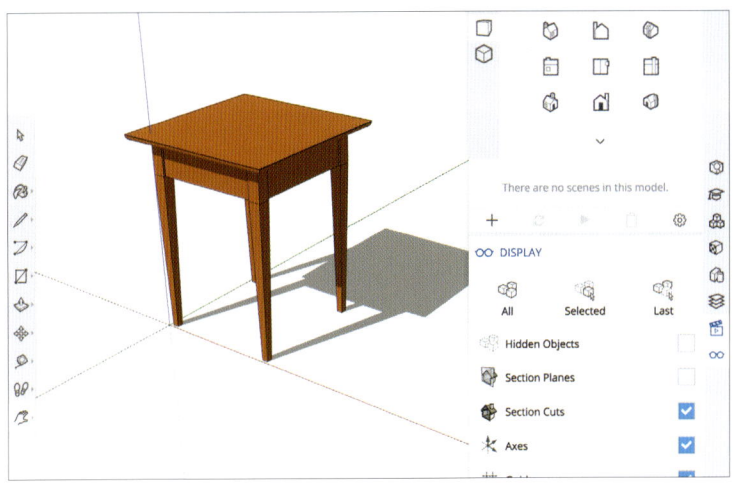

최근에 나온 스케치업 Free는 웹 브라우저에서 실행된다. 그래서 인터넷이 되면 어디서나 스케치업 Free를 사용할 수 있다. 하지만 누락된 기능이 몇몇 있어서 아쉽다.

유료인 스케치업 Pro를 사용하면 스케치업 모델과 사진을 합성할 수 있어, 제안서에 쓸 수 있는 실사 렌더링을 구현할 수 있다.

## 스케치업 Free가 제공하지 않는 기능

내가 볼 때, 스케치업 Free는 다섯 가지 기능이 빠져 아쉽다. 하지만 스케치업 개발사는 스케치업 Free를 지속적으로 개선할 것이라고 약속했다. 그리고 그래야만 한다.

첫째, 디폴트로 사용할 커스텀 템플릿을 만들 수 없다(템플릿에 대해서는 1장을 참고). 스케치업 Free를 실행할 때마다 기본으로 제공하는 세 가지 템플릿 중에서 하나를 골라야 한다.

둘째, 유저 인터페이스가 Make나 Pro에 비해 단순하다. 그렇지만 사용하기는 더 귀찮다. 스케치업 Free는 모든 필수 모델링과 조작 도구를 제공한다. 하지만 배치는 확연히 다르다(도구에 대해서는 20쪽 참고). 스케치업 Free는 여러 도구를 묶어두었고, 그 대부분은 숨겨져 있다. 보이는 도구 아이콘을 클릭하면 다른 도구 아이콘들이 나타나는 식이다. 이 때문에 도구를 선택하기 위해 1초 이상을 더 허비해야 하고, 이것이 쌓이면 무시 못 할 시간 낭비이다.

셋째, 플러그인을 사용할 수 없다. 플러그인은 스케치업에 없는 기능을 필요에 따라 추가할 수 있는 프로그램을 의미한다(플러그인에 대해서는 11장 참고). 예를 들어 스케치업 Free에서는 재단 목록을 만들거나, 베지어 곡선을 그리거나, 원저 의자 좌판을 위한 복합 곡선을 그릴 수 있는 쉬운 방법이 없다. 이는 많은 목수들에게 치명적인 단점이다.

넷째, 나뭇결 같은 커스텀 텍스처로 모델을 꾸밀 수 없다. 스케치업 Free는 기본 제공되는 몇 개의 텍스처와 색상만 선택할 수 있을 뿐이다.

다섯째, 스케치업 Free에서는 인쇄를 할 수 없다.* 컴퓨터로 파일은 다운로드할 수 있다. 하지만 이럴 경우 어차피 스케치업을 컴퓨터에 설치해야 그 파일을 사용할 수 있다. 컴퓨터에 설치된 스케치업은 스케치업 Free보다 기능이 뛰어나기 때문에, 역설적으로 스케치업 Free를 쓸 이유가 없어진다.

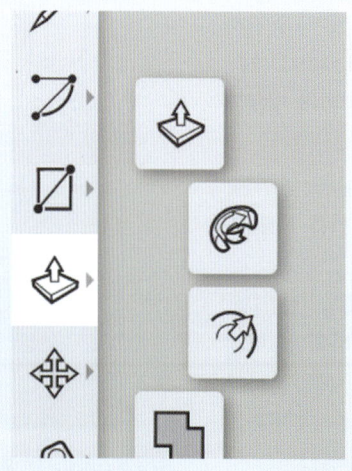

스케치업 Free는 세 개의 템플릿 중에서만 선택할 수 있다.

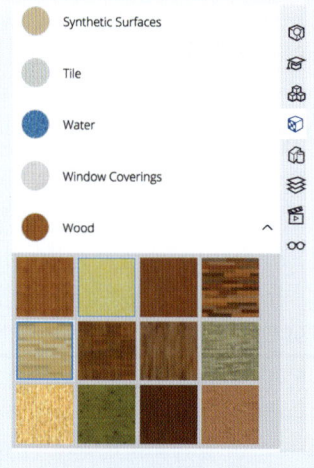

모델의 스타일은 선택할 수 있지만, 커스터마이즈할 수는 없다.

도구 아이콘을 클릭해야 다른 도구 아이콘이 나타나기 때문에 번거롭다.

스케치업 Free는 꽤 많은 텍스처를 제공한다. 하지만 당신이 추가할 수는 없다.

* 2019년 현재 스케치업 Free에서는 PDF를 이용한 인쇄를 지원한다.

## 스케치업 Pro가 제공하는 기능

겉으로 보기엔 스케치업 Make와 Pro 버전의 차이가 커 보이지는 않는다. 기본적인 도구는 동일하다. 명령도 같다. 모델링 과정도 똑같다. 그렇다면 Pro의 특별함은 도대체 무엇일까?

스케치업 Pro는 고체*라는 특별한 도구를 제공한다. 고체 도구를 이용하면 두 개의 도형이 교차하는 부분에 대한 작업을 쉽게 할 수 있다. 또한 Pro 버전에는 저장할 수 있는 파일의 포맷이 다양하다. 하지만 내 생각엔 이건 목수들에게 큰 매력은 아니다.

내가 스케치업 Pro를 구입한 이유는 세 프로그램을 하나로 묶어 팔기 때문이다. 같이 딸려오는 두 프로그램은 오직 스케치업 Pro 버전에서만 동작한다.

그 프로그램 중 하나는 LayOut이다. 이 프로그램은 치수가 기입된 도면을 만들고 실제 크기의 패턴과 템플릿을 번거롭지 않게 출력할 수 있다. (스케치업 Make로 실제 크기대로 출력하는 건 매우 번거롭다.) LayOut에서는 치수선과 다른 요소들의 스타일을 세밀하게 제어할 수 있다. 또한 스케치업 모델을 수정하기 위해 LayOut에서 스케치업으로 쉽게 전환할 수도 있다. 스케치업에서 모델을 수정하면 LayOut에 바로 반영되는 것을 볼 수 있다. LayOut의 최신 버전에는 스케치업에 돌아가지 않고도 약간의 요소를 추가할 수도 있다.

다른 프로그램은 StyleBuilder이다. 이것은 모델에 적용할 커스텀 스타일을 만들 수 있다. 사실 나는 StyleBuilder를 거의 사용하지 않는다. 하지만 다른 사람들은 이 프로그램을 이용하여 자신만의 스타일을 만들어낸다.

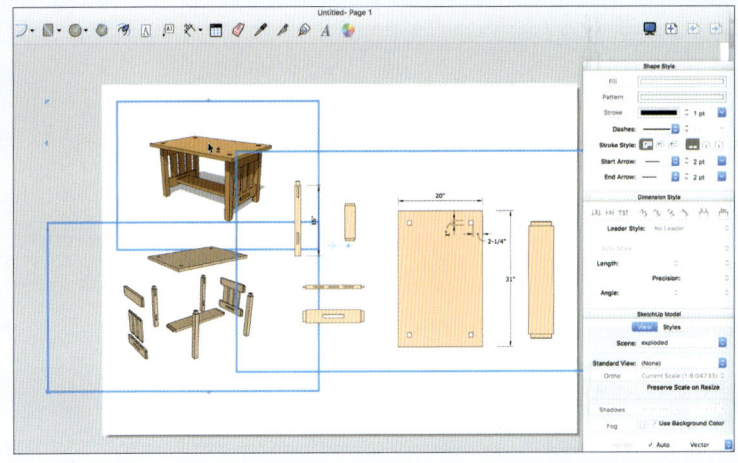

LayOut 프로그램은 스케치업 Pro와 유기적으로 동작한다. 여러 장면을 한 페이지에 넣을 수 있고, 쉽게 설명과 치수를 추가할 수 있다.

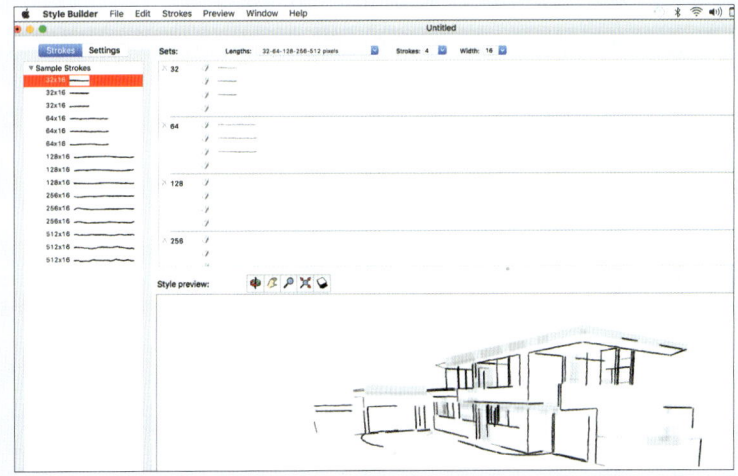

StyleBuilder를 쓰면 손으로 그린 듯한 선을 라이브러리로 만들어 모델의 선에 적용할 수 있다.

* 스케치업 한글판은 Solid를 '고체'로 번역한다. 좋은 번역은 아니라고 생각한다.

# 준비 운동

# CHAPTER 1
# 작업공간과 도구
## 기본 도구를 연습하자.

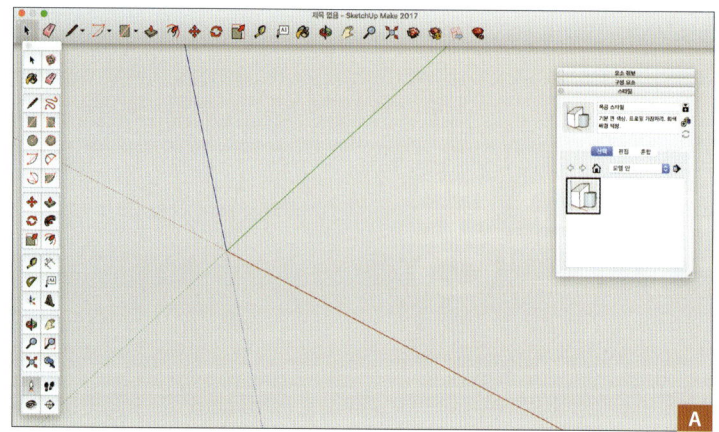

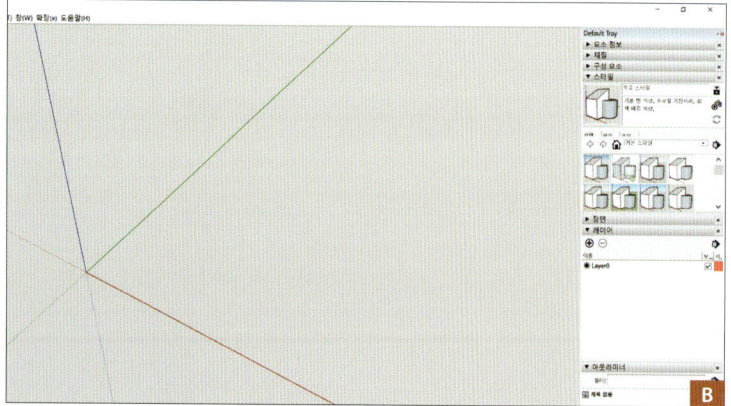

맥(위)과 윈도우(아래)에서의 스케치업 기본 화면

스케치업이 사용하기 쉬운 이유 중 하나는 깔끔하고 군더더기 없는 작업공간 때문이다.

스케치업 화면은 몇몇 영역으로 구분된다. 대부분의 영역은 도형을 만들고, 움직이고, 연결하여 모델을 만드는 모델링 공간이다. 화면의 위쪽에는 도구모음과 메뉴를 위한 공간이 있다.

윈도우 버전에서의 화면은 모델링 공간과 그 오른쪽에 트레이 영역으로 구성된다. 트레이 영역은 작업을 빨리 할 수 있도록 항상 위에 떠 있다. 스케치업의 맥 버전은 트레이를 가지고 있지 않다. 하지만 여러 창을 열 수 있고, 그것을 차곡차곡 쌓아서 화면 한쪽에 둘 수 있다. 또한 화면 아래에는 측정 상자도 있다. 2장에서 자세히 다룰 것이다.

맥 화면의 아래쪽에는 파란 원 안에 물음표가 있다. 이것은 도움말 버튼이다. 클릭하면 선택된 도구에 대한 친절한 설명을 볼 수 있다. 윈도우 버전은 도움말이 별도의 트레이에 존재한다.

### 템플릿을 커스터마이즈하기

스케치업을 처음 실행하면, 템플릿을 선택하고 그것과 연결된 스타일을 조절하게 된다. 스타일은 작업공간과 모델의 겉모양을 조절한다. 배경색, 측정 단위, 선의 두께와 색깔 등의 속성이 스타일에 포함된다.

맥의 설정 과정은 윈도우와는 약간 다르다. 하지만 어떤 환경이든 동일한 결과를 얻을 수 있다.

**환영 화면.** 스케치업 설치가 끝나면, 환영 화면이 나온다. 여기서 템플릿 선택을 클릭하자. 항상 시작할 때 보이기 버튼이 있다면 이것의 체크도 해제하자.

템플릿 리스트를 스크롤하면서 목공-밀리미터를 찾아 클릭하자. 다음으로 스케치업 사용 시작을 누르면 새로운 작업을 시작할 수 있다. 맥에서는 빈 공간 가운데에 3개의 축만 볼 수 있다(A). 윈도우에서는 작업공간과 기본 트레이를 볼 수 있다(B).

**스타일 변경.** 새 파일을 시작할 때는 중요한 속성을 설정하는 과정을 거쳐야 한다. 창 메뉴에서 모델 정보를 선택하자. 그리고 단위를 선택한다. 미터법을 사용한다면 형식을 십진수로 하고 mm를 선택하면 되고, 인치를 사용한다면 형식을 분수로 하고 소수점 이하 자리를 1/16"로 선택한다(원한다면 1/32"나 1/64"로 할 수 있다). 또한 길이 스냅 사용의 체크를 꼭 해제하자(C).

다음으로 맥의 경우 창 메뉴에서 스타일을 선택한다. 윈도우의 경우 스타일 트레이를 연다. 그러면 썸네일 이미지와 버튼으로 가득 찬 창을 보게 될 것이다. 이 중에서 위쪽에 있는 편집 탭을 클릭한다(D).

편집 탭을 선택하면 5개의 아이콘을 볼 수 있다. 이 중에서 제일 왼쪽의 것을 클릭한다. 프로파일 옵션을 체크한 상태로 두고, 편집 상자에 1을 넣자. 이 변경으로 도형의 모서리를 얇은 선으로 표현할 수 있다. 디폴트 프로필 숫자는 2이다. 나는 이 모서리 두께 설정이 정밀한 모델링을 하기에는 다소 두껍다고 생각한다.

이 창의 제일 아래는 모델에 쓰이는 선의 색상을 선택하는 곳*이다. 나는 기본 값인 검은색을 그대

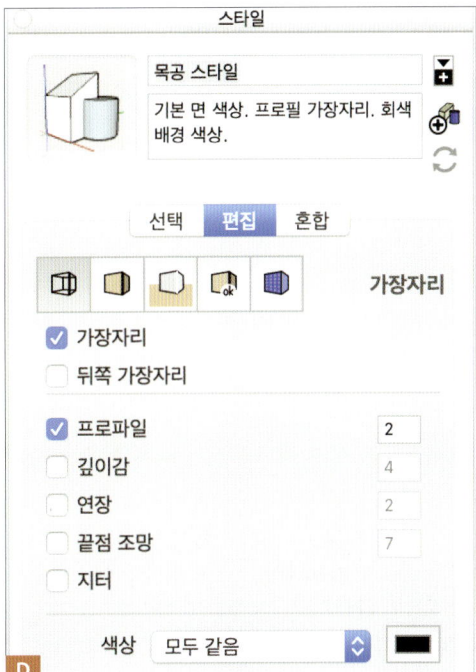

템플릿을 커스터마이즈하려면 모델 정보(위)에서 단위 설정부터 시작한다. 그리고 스타일 트레이(왼쪽)를 열어 선의 두께, 배경색 그리고 다른 기본 속성을 설정한다. 설정을 마치고, 오른쪽 위에 있는 원 모양의 화살표 버튼을 클릭하면 지정한 스타일로 전체 모델을 업데이트한다.

\* 보이지 않는다면 스타일 아래에 있는 트레이 제목 윗부분을 잡아당겨 내리면 된다.

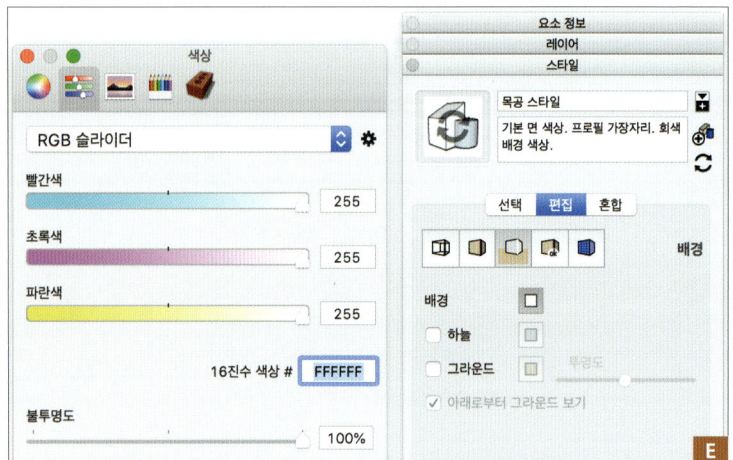

스타일 창의 **배경** 버튼을 클릭하면 색상 선택 창이 열린다. 이 창에서는 여러 가지 방법으로 작업공간의 배경색을 설정할 수 있다.

스타일 창의 마지막 아이콘은 안내선이나 선택한 도형의 외양을 결정한다. 이 설정을 바꿀 필요는 없다. 기본값이면 충분하다.

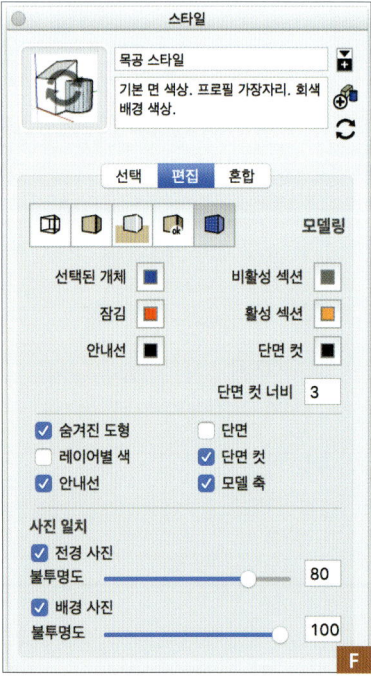

로 사용하고, 역시 기본 값인 모두 같음을 사용한다.

다음 오른쪽 아이콘을 클릭해보자. 원한다면 여기서 모델의 전경색과 배경색을 바꿀 수 있다. 나는 보통 이 설정에 신경을 쓰지 않지만, 다른 노련한 스케치업 사용자는 이 설정에 공을 들인다. 재질 투명도는 반드시 체크된 상태로 두자.

가운데 아이콘을 클릭하면 배경색을 바꿀 수 있는 버튼이 나온다. 이것을 클릭해서 배경을 하얗게 할 수도 있고, 회색이나 갈색으로 바꿀 수 있다. 배경 버튼을 클릭하면 색상 설정 창이 열리며, 여기서 슬라이더를 조절하거나 숫자를 넣어서 배경색을 지정할 수 있다. 하늘과 그라운드 체크박스는 해제된 상태로 두자(E).

그다음 오른쪽에서 두 번째 아이콘은 그냥 넘어가자. 이것은 모델에 워터마크를 적용할 때 필요하다.

마지막으로 가장 오른쪽 아이콘을 클릭해보자(F). 여기서 안내선과 모델 축은 체크된 상태로 유지한다. 미적인 면에 신경 쓰고 싶다면, 선택된 개체의 색깔을 바꾸어보라. 이것은 모델을 선택했을 때의 색깔을 지정한다. 또한 안내선의 색깔도 원한다면 검은색에서 다른 색으로 바꿀 수 있다. (안내선은 어디를 자르고, 깎고, 구멍 뚫을지 표시하기 위해 실제 판재에 그리는 연필선과 비슷한 개념이다.)

만일 선택한 템플릿이 화면 가운데 사람을 보여준다면, 그것을 선택한 후 Delete키를 누르면 된다.

이제 파일 메뉴를 선택해서 템플릿으로 저장을 클릭하자. 원하는 이름을 붙여서 템플릿으로 저장할 수 있다. 이때 기본 템플릿으로 설정 박스를 체크하고, 저장 버튼을 클릭하자(G).

이제 스케치업에서 새 파일을 만들면, 방금 커스터마이징해서 저장한 템플릿이 작업공간에 적용될 것이다.

### 축과 측정 상자

도입부에서 설명했듯이, 스케치업에서는 항상 3D 도형을 다룬다. 색깔이 있는 축은 모델을 만들 때 방향을 잡기 위한 중요한 표지판이다(H).

3개의 축이 만나는 점을 원점이라고 한다. 모델을 처음 만들 때 이 원점에 걸어두면 편하다. 빨강 축은 좌우 방향이고, 초록 축은 앞뒤 방향이며, 파랑 축은 위아래 방향이라고 생각하면 된다. 그래서 빨강 축과 초록 축이 만드는 평면을 바닥이라고 생각할 수 있다. 당신이 만들 모델을 이 바닥에 놓으면 편할 것이다.

구성 요소<sub>Component</sub>(36쪽 참고)를 만들 때도, 자체의 축을 정의할 수 있다. 대부분의 경우 구성 요소의 축은 작업공간의 축과 동일한 방향으로 둔다. 하지만 경우에 따라 구성 요소의 축 방향을 수정해야 할 수도 있다. 이에 대해서는 43쪽을 참고하자.

목공에서 다루는 대부분의 나뭇조각은 사각형이기 때문에 두 축 선에 맞추어둘 수 있다.

스타일 커스터마이징을 완료했으면, **파일>템플릿으로 저장** 메뉴를 실행하자. 템플릿 이름을 주고, **기본 템플릿으로 설정**을 꼭 체크하자.

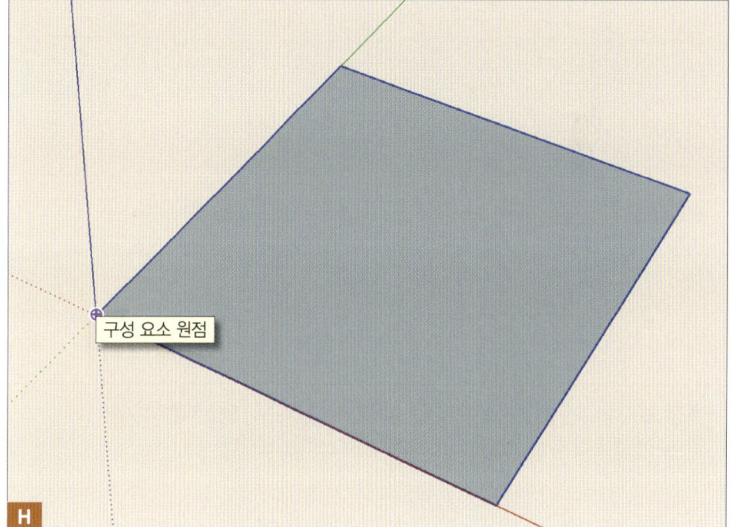

빨강, 초록, 파랑 축선은 스케치업 작업공간에서 매우 중요한 부분이다. 당신이 그릴 대부분의 도형은 이 축에 나란히 놓일 것이다. 세 축선이 만나는 점을 원점이라고 한다. 위 그림의 사각형은 바닥에 해당하는 빨강-초록 평면에 놓여 있다.

# 1 작업공간과 도구

## 큰 도구 세트 설명

| 도구 분류 | 도구 목록 | | | |
|---|---|---|---|---|
| **기본 도구.** 뭔가를 선택하고, 도형을 구성 요소로 만들고, 실수를 지우고, 표면에 색깔이나 텍스처를 입힌다. 갈색은 자주 쓰이는 도구다. | 선택 | | | 구성 요소 만들기 |
| | 페인트 통 | | | 지우기 |
| **그림 도구.** 선, 호, 사각형, 다각형을 그린다. 갈색은 자주 쓰이는 도구다. | 선 | | | 자유 그림 |
| | 직사각형 | | | 회전된 직사각형 |
| | 원 | | | 다각형 |
| | 호 | | | 2점 호 |
| | 3점 호 | | | 파이 |
| **모델링 도구.** 도형을 이동, 회전, 복사한다. 그리고 2D 도형을 3D 도형으로 만들고, 경로를 따라 단면을 늘리고, 도형의 크기를 바꾸고, 기존 선에 평행한 선을 그린다. 갈색은 자주 쓰이는 도구다. | 이동 | | | 밀기/끌기 |
| | 회전 | | | 따라가기 |
| | 배율 | | | 오프셋 |
| **측정 도구.** 안내선을 그리고, 각도와 길이를 재고, 치수나 텍스트를 추가하고, 구성 요소의 축을 조정한다. 갈색은 자주 쓰이는 도구다. | 줄자 도구 | | | 치수 |
| | 각도기 | | | 텍스트 |
| | 축 | | | 3D 텍스트 |
| **내비게이션 도구.** 시선을 돌리고(궤도), 상하/좌우 이동, 확대/축소하거나, 특정 영역으로 빨리 확대한다. 갈색은 자주 쓰이는 도구다. | 궤도 | | | 이동(상하/좌우) |
| | 확대/축소 | | | 창 확대/축소 |
| | 범위 확대/축소 | | | 이전 |
| **기타 도구.** 모델의 시점을 변경하고, 단면도를 만든다. 목공에서는 잘 쓰지 않는다. | 카메라 위치 지정 | | | 걷기 |
| | 둘러보기 | | | 단면 |

## 도구모음 살펴보기

스케치업은 많은 수의 도구를 제공한다. 이 도구들은 실제 작업현장에서 쓰이는 도구와 비슷한 역할을 한다. 기본적으로 기본 도구가 작업공간 위쪽에 배열되는데, 이 도구모음은 마음대로 조절할 수 있으며, 원하는 도구를 추가할 수도 있다.

**맥 도구모음.** 보기 메뉴에서 도구모음 커스터마이즈를 클릭하자. 그러면 도구 아이콘을 도구모음에서 드래그해서 뺄 수도 있고, 다른 아이콘을 도구모음에 추가할 수도 있다(I). 또는 보기>도구 팔레트>대형 도구 세트를 선택하자. 그러면 앞 페이지에 있는 도구모음이 나타난다. 원한다면 이 대형 도구 세트를 다른 곳으로 옮길 수 있다.

**윈도우 도구모음.** 대형 도구 세트를 표시하려면, 보기 메뉴의 도구모음을 선택한 다음, 해당 항목을 체크하면 된다. 다른 도구모음을 표시하고 싶다면, 그 도구모음 옆 네모를 체크하면 된다(J). 맞은편에 있는 큰 표는 대형 도구 세트에 포함된 도구들을 설명한 것이다. 목수들이 많이 사용하는 도구에 대해서는 갈색으로 표시해두었다.

어떤 것을 모델링하든 간에, 중요한 도구들은 틈틈이 시간을 들여 어떤 것인지 알아두면 좋다. 어떤 도구가 무슨 역할을 하는지 모르겠다면, 도구를 클릭하고 트레이에 있는 도우미를 클릭해보자.

## 도움이 되는 힌트와 안내

스케치업은 모델을 빠르고 정확하게 만들기 위해 도움을 주는 적재적소의 힌트와 말풍선을 충분히 제공한다. 24쪽과 25쪽에 있는 자세한 설명을 꼭 보기 바란다. 여기서는 간단하게만 언급하겠다.

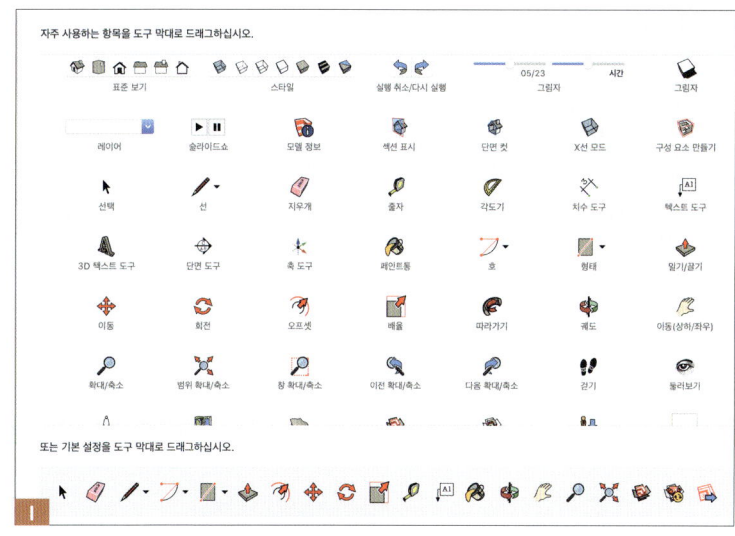

맥에서는 스케치업 도구나 플러그인 도구를 드래그하여 화면 상단에 놓일 도구모음을 커스터마이즈할 수 있다.

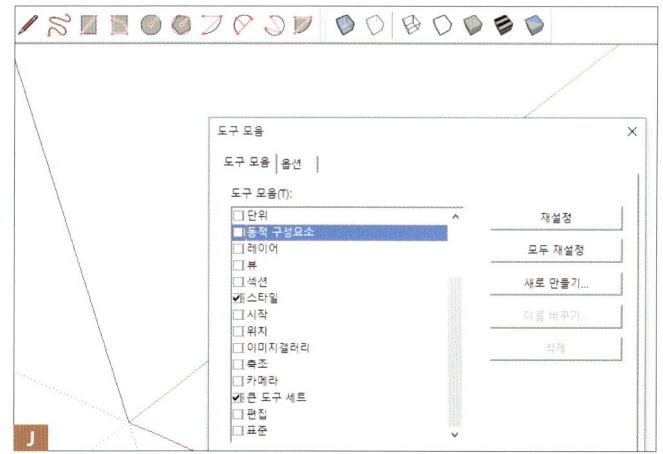

윈도우즈에서는 **보기>도구모음**을 클릭한 뒤, 원하는 **도구 세트**를 선택하라. 그러면 화면 상단에 선택한 **도구모음**이 표시될 것이다.

# 1 작업공간과 도구

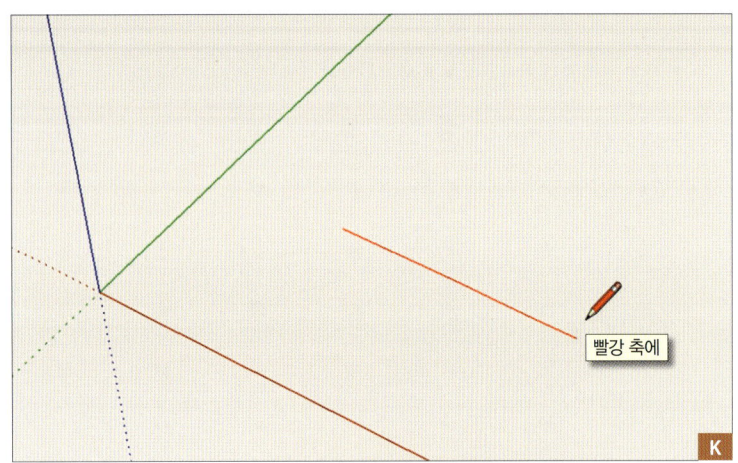

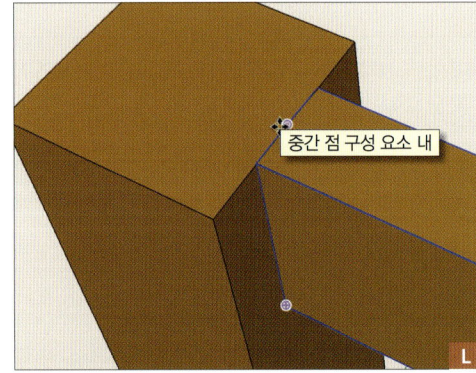

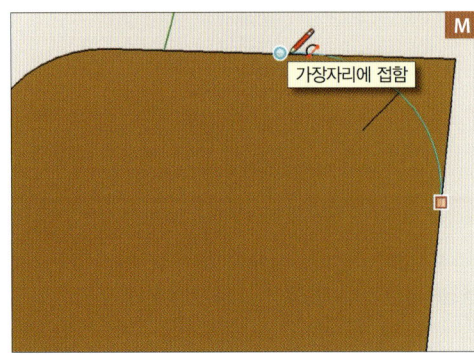

여기에 스케치업이 제공하는 많은 말풍선 중에서 3개를 표시했다. 어떤 축과 평행한 선을 그리면, 그 선이 축 색깔로 바뀌며 작은 말풍선이 뜬다. 모서리의 중앙에 마우스 커서를 대면 스케치업이 이를 알려준다. 제일 아래는 호의 색깔이 하늘색으로 바뀌면, 그 호가 모서리에 접한다는 것을 나타낸다. 그리고 이를 설명하는 말풍선을 볼 수 있다.

**축과 평행하게 그리거나 움직이기.** 직선을 어떤 축에 평행하게 그리면, 선의 색깔이 바뀐다. 만일 빨간색으로 바뀌었다면, 빨강 축과 평행하다는 의미이다. 또한 '빨강 축에On Red Axis'라는 조그만 말풍선도 나타난다(K). 마찬가지로 초록색 선으로 표시되면 초록 축과 평행하다는 것이고, 파란색 선이면 파랑 축과 평행하다는 것이다. 이것은 물체를 축에 평행하게 움직일 때도 마찬가지이다.

**가운데 찾기.** 줄자 도구를 사용하면 선이다 다른 도형의 가운데를 치수를 재지 않고도 빠르고 정확하게 찾아낼 수 있다. 줄자 도구를 선택하고, 중앙을 찾을 선에 직각인 선을 클릭하자. 그리고 마우스 커서를 선을 따라 중앙으로 이동하다 보면 하늘색 작은 원이 나타나는데, 여기가 중앙이다. 이때 마치 홈에 걸린 것처럼 잠깐 멈추는 느낌이 난다. 또한 '중간점Midpoint' 또는 '중간점 구성 요소 내Midpoint in Component'라는 말풍선이 나타난다(L).

**화살표 키로 이동을 제한.** 화살표 키를 누르면 선을 그리거나 움직일 때 방향을 제한할 수 있다. 오른쪽 화살표 키는 빨강 축으로만 움직이게 하고, 위쪽 화살표 키는 파랑 축, 왼쪽 화살표 키는 초록 축으로만 움직이게 제한한다. 아래쪽 화살표 키는 축과 상관없이 마우스 포인터에 위치한 평면을 기준으로 한다. 예를 들어 45°로 기울어진 평면과 평행한 원을 그린다고 해보자. 먼저 원 도구를 선택한 후 포인터를 기울어진 평면에 가져간다. 이때 아래쪽 화살표 키를 누르면, 분홍색 테두리를 가진 원이 표시되는 것을 볼 수 있다.

또한 축을 따라 그리거나 이동할 때 시프트shift 키를 눌러 잠글 수도 있다. 객체를 어떤 축의 방향으로 이동하면 축 색깔이 표시될 것이다. 이때 시프트키를 누르고 있으면 축을 표시하는 선이 굵어지며, 이동이 제한되는 것을 볼 수 있다.

**곡선을 평면 위에 제한.** 스케치업의 2점 호 도구로 곡선을 그린다고 가정하자. 사각형의 한 꼭짓점을 둥근 모양으로 잘라내려고 한다. 그런데 주의하지 않으면, 이 호가 사각형의 평면 위에 있지 않을 수 있다. 표시되는 말풍선을 눈여겨보자. '면에On Face'나 '가장자리에 접함Tangent to Edge'이라는 말풍선이 나온다면 사각형의 평면에 놓여 있다는 뜻이다. 또한 호가 검은색에서 하늘색으로 변하는 것으로도 알 수 있다**(M)**. 만일 호가 자홍색으로 바뀌면 호를 만드는 꼭짓점에서 같은 거리라는 것을 의미한다. 호가 자홍색으로 바뀌었을 때, 더블클릭하면 꼭짓점을 둥글게 만들 것이고, 나머지는 알아서 버린다.

이제 여러분은 스케치업의 화면과 도구모음에 대해서 대충 알게 되었다. 이제 본격적으로 모델을 만들어보자.

## 스케치업 용어에 익숙해지기

스케치업에서 쓰는 고유의 용어가 있다. 중요한 몇 가지를 나열해보았다.

**교차**Intersect. 어떤 도형을 다른 도형과 합치는 동작

**구성 요소**Component. 모델에서 독립적으로 구분되는 요소

**그룹**Group. 도형의 집합 또는 도형을 이루는 면과 모서리의 집합. 그룹은 구성 요소와 비슷하지만, 기능이 약간 모자란다(40쪽 참조).

**기하 구조**Geometry. 객체를 형성하는 선들(보이는 선과 안 보이는 선 모두)의 집합

**대칭 이동**Flip Along. 어떤 객체를 거울상으로 뒤집는 명령이다. 목공에서 결합 부위를 표현할 때 매우 요긴하게 쓰인다(46쪽 참조).

**메쉬**Mesh. 객체를 이루는 다각형의 집합

**면**Face. 객체의 한 표면. 예를 들어 육면체는 6개의 면을 가지고 있다.

**모서리**Edge. 객체의 면을 만드는 경계의 선

**바운딩 박스**Bounding Box. 구성 요소를 선택했을 때 생기는 구성 요소를 둘러싸는 파란 박스

**부드럽게/매끄럽게**Soften/Smooth. 모양을 정하는 선을 숨겨서 모델의 외형을 부드럽게 만든다.

**숨겨진 기하 구조**Hidden Geometry. 3D 객체를 구성하는 삼각형과 사각형 중에서 보이지 않는 영역의 것들

**어레이**Array. 직선이나 곡선 위에 일정한 간격으로 배치된 같은 도형의 집합이다. 난간의 기둥(동자)이 대표적인 예이다.

**추론**Inferencing. 어떤 도형의 위치를 잡거나, 도형을 이동하거나, 밀기/끌기 할 때, 다른 모서리나 면을 기준으로 하는 방식

**축**Axis. 3D 모델링 공간에서 기본적인 세 방향을 나타낸다. 왼쪽-오른쪽 방향은 빨강, 앞-뒤 방향은 초록, 위-아래 방향은 파랑으로 표현된다.

**플러그인**Plugin. 스케치업에서 동작하는 별개의 앱. 스케치업이 지원하지 않는 기능을 제공한다. 11장에 자세한 내용이 있다. 확장 프로그램이라고도 한다.

## 스케치업 말풍선: 간단한 소개

스케치업은 모델의 위치를 정렬하거나 축을 기준으로 할 때 도움을 주는 다양한 색 힌트와 말풍선을 제공한다. 아래에 자주 보게 될 힌트를 간단한 설명과 함께 나열하였다. 모델을 만들 때 나타나는 선, 점의 색깔과 말풍선을 활용할 수 있도록 익혀두자. 이것을 잘 활용하면 모델링을 빠르고 정확하게 할 수 있다.

### 원점 Origin
도구 커서가 세 축이 만나는 원점에 걸려 있음을 나타낸다.

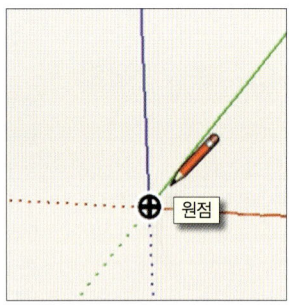

### 선 위 On Line
도구 커서가 안내선 위에 있음을 알려준다.

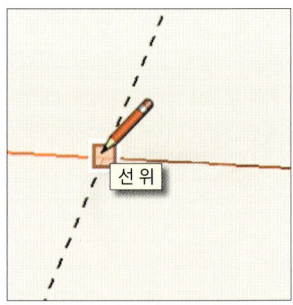

### ~축에 On Axis
선을 그릴 때, 말풍선과 선 색깔을 통해 도구 커서가 빨강, 파랑, 초록 축과 평행함을 알 수 있다.

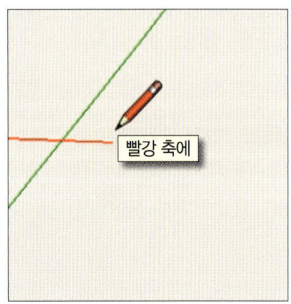

### 끝점 Endpoint
도구 커서가 다른 선의 끝점에 있음을 나타낸다. 끝점에 있으면 작은 초록 원이 나타난다.

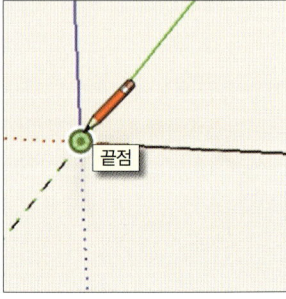

### 교차 Intersection
말풍선과 빨간 X 표시를 통해 도구 커서가 두 안내선이 만나는 점에 있음을 알 수 있다.

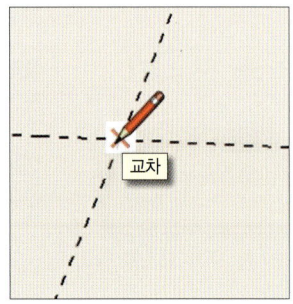

### 가장자리에 On Edge
도구 커서가 개체의 모서리에 있음을 나타낸다(여기서는 2점 호 도구). 파란 점 패턴은 마우스 클릭을 통해 그 면을 선택한 것을 나타낸다.

# 1 작업공간과 도구

### 면에 On Face
이 힌트는 2점 호 도구로 만드는 선이 엉뚱한 곳이 아니라, 다른 객체의 면 위에 있음을 나타낸다.

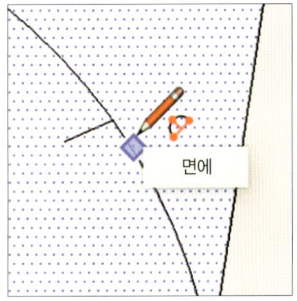

### 가장자리에 접함 Tangent to Edge
2점 호 도구로 호를 그릴 때, 꼭짓점으로부터 호의 양 끝점의 거리가 같아질 때 자홍색 곡선과 이 말풍선이 나타난다.

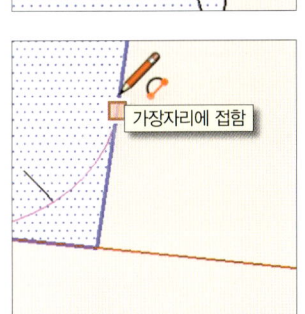

### 반원 Half Circle
2점 호 도구로 반원을 그렸음을 나타낸다. 호의 양 끝 녹색 점은 기준 도형의 꼭짓점과 일치함을 나타내고, 빨강 선은 빨강 축과 평행함을 나타낸다.

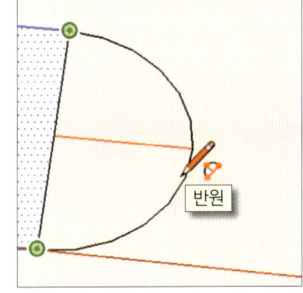

### 끝점 구성 요소 내 Endpoint in Component
이동 도구의 커서가 구성 요소의 꼭짓점에 있음을 나타낸다.

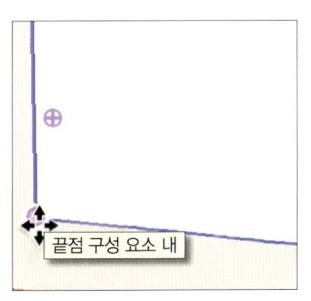

### 중간 점 구성 요소 내 Midpoint in Component
이동 도구로 어떤 객체를 다른 구성 요소의 모서리 중앙에 옮길 때 이 힌트가 표시된다. 파란색 모서리는 마우스 클릭으로 해당 구성 요소가 선택된 상태임을 나타낸다.

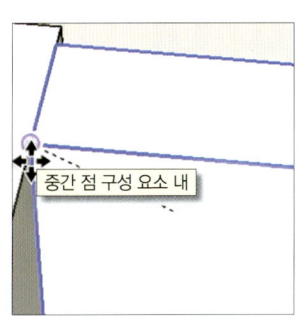

### 가운데 Center
도구 커서가 원의 중심에 있음을 나타낸다.

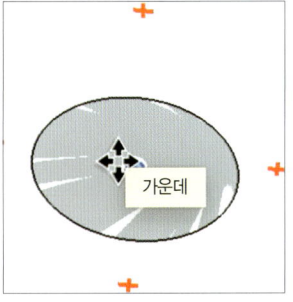

### 색깔 있는 원
원을 그릴 때 중심을 클릭하기 전, 화살표 키로 원의 방향을 정하자. 왼쪽 화살표 키는 원을 초록 축이 관통하는 방향으로 배치하고, 오른쪽 화살표 키는 빨강 축이, 위쪽 화살표는 파랑 축이 관통하는 방향이다.

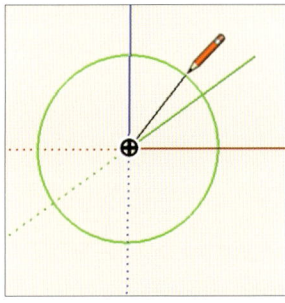

### ~에 제약 평면 Constrained on Plane
직사각형의 초록 외곽선은 사각형의 면이 초록 축과 수직임을 나타낸다. 또한 이 말풍선은 사각형이 황금비(금색 섹션*)인 것도 알려준다. 사각형과 다각형의 방향 정하기는 원의 경우와 같다.

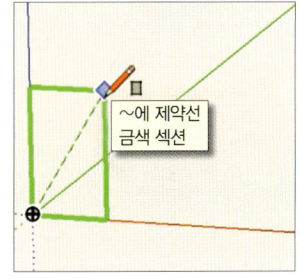

* 스케치업 한글판의 잘못된 번역의 대표적인 예이다.

# CHAPTER 2
# 판재 만들기
많이 쓰이는 도형을 정확하게 그려보자.

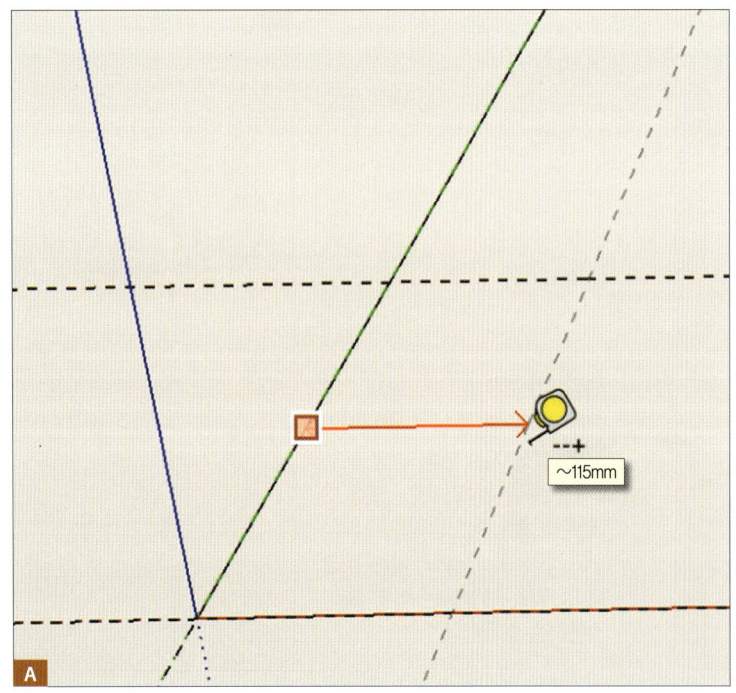

편리한 **줄자** 도구는 길이와 거리를 잴 수 있을 뿐 아니라, 조합직각자나 그무개 또는 필요한 선을 긋는 연필의 역할도 한다.

이 장에서는 스케치업 모델을 만드는 과정에서 수천 번 반복하게 될 동작을 익혀볼 것이다. 이것은 스케치업 버전의 목공 프로젝트 첫 단계에 해당된다. 즉, 판재를 정확한 길이, 폭, 두께로 만드는 일이다. 이 과정을 통해 줄자, 선, 직사각형, 원, 밀기/끌기 도구를 익히게 될 것이다.

### 줄자 도구 알아보기

여러분이 공방에서 가장 많이 사용하는 도구는 줄자, 조합직각자, 그무개일 것이다. 톱질, 구멍 뚫기, 대패질, 끌질, 라우터, 조립 등 모든 목공 과정은 측정부터 시작한다. 스케치업도 마찬가지이다. 스케치업이 제공하는 줄자 도구는 줄자, 직각자, 그무개, 연필의 역할을 한다. 확실히 이 도구는 만능이다.

줄자 도구는 안내선Guideline으로 불리는 점선을 그린다. 마치 실제 판재에 연필로 긋는 선과 비슷한 느낌이다. 안내선은 모델의 위치를 잡을 때 큰 도움을 준다**(A)**.

줄자 도구는 클릭하고 움직이는 방법(또는 드래그)으로 사용한다. 첫 번째 클릭은 마치 줄자의 고리를 판재에 거는 것과 비슷하다. 커서를 움직이는 것은 줄자를 당겨 푸는 것을 연상하게 한다. 두 번째 클릭을 하면 안내선을 그 위치에 그리게 된다. 이것은 실제 판재에 연필로 선을 긋는 것과 같은 역할이다.

## 정확한 크기와 거리

안내선을 놓거나 직선을 그리기 시작할 때 측정 상자에 선의 길이가 표시됨을 알 수 있다. 즉, 길이라는 이름 옆 상자의 숫자가 바뀐다. 선 도구 커서를 움직이면 상자 안의 숫자가 늘어났다 줄어들었다 한다.

측정 상자에 원하는 숫자가 나올 때까지 하루 종일 커서를 앞뒤로 움직이고 싶다면 말리지 않겠다. 다행히도 원하는 길이의 선을 그릴 수 있는 매우 쉬운 방법이 있다(B). 선의 시작점에서 클릭을 한 번 한 후 커서를 원하는 방향으로 움직인다. 이 상태에서 원하는 길이를 키보드로 쳐 넣는다(이때 밀리미터나 인치 등 단위를 나타내는 기호는 넣지 않는다. 그리고 정수와 분수를 넣는다면 중간에 한 칸을 띄워야 한다). 그러면 쳐 넣은 숫자가 측정 상자에 나타날 것이다. 치수를 다 입력했으면 엔터키를 치자. 그러면 그 치수의 선이 나타난다.*

소수점과 그 이하의 숫자를 넣을 수도 있고, 분수 단위를 설정했다면 분수를 넣을 수도 있다. 스케치업은 어떤 식으로 입력하든 상관하지 않는다. 나는 1 띄우고 1/2를 넣는 것보다 1.5를 입력하는 것이 더 효율적이라고 생각한다. 하지만 1 13/16 같은 수치를 소수점으로 암산할 수 없으니, 이 경우는 분수를 넣을 수밖에 없다.**

줄자 도구에서 설명한 클릭과 움직이기 방법은 다른 그리기나 위치 도구에도 똑같이 적용된다. 예를 들어 원 도구는 원의 중심을 클릭한 다음, 커서를 축을 따라 중심에서 벗어나게 움직이면 원의 크

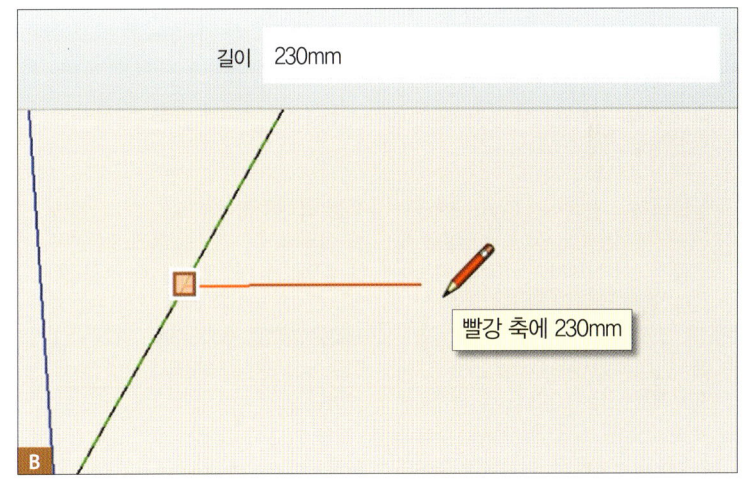

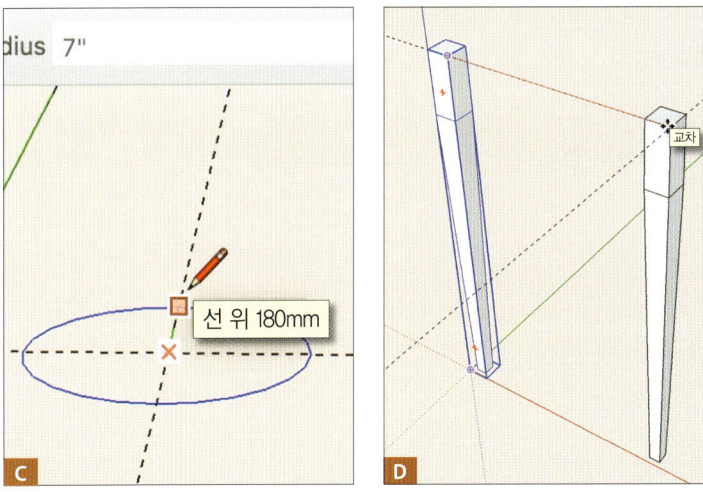

정확성을 위해 측정 상자를 사용하는 세 가지 방법: 선의 길이를 입력한다(위). 원의 반지름을 입력한다(아래 왼쪽). 객체를 얼마나 움직일지를 지정한다(아래 오른쪽).

---

\* 또는 방향만 맞추어 적당한 곳에 클릭하여 선을 그린 다음, 바로 숫자와 엔터키를 입력해도 된다.

\*\* 미국에서 사용하는 야드파운드법(imperial units)은 길이로 인치와 피트를 쓰는데, 대부분 소수를 쓰지 않고 분수로 1 이하의 치수를 표현한다. 예를 들어 1.75인치는 1¾"로 표기하고 읽는다.

## 여섯 개의 핵심 명령

스케치업을 사용할수록 이 명령들을 많이 사용할 것이다. 다른 프로그램도 비슷한 명령을 가지고 있다.

**잘라내기**Cut. 맥에서는 Command+X, 윈도우에서는 Ctrl+X이다. 개체를 작업공간에서 삭제하고, 이것을 클립보드에 넣는다.

**복사**Copy. 맥에서는 Command+C, 윈도우에서는 Ctrl+C이다. 이 커맨드는 개체를 클립보드로 복사한다. 나중에 붙여넣기 커맨드를 사용하면 복사한 개체를 작업공간에 추가할 수 있다.

**붙여넣기**Paste. 맥에서는 Command+V, 윈도우에서는 Ctrl+V이다. 이 명령은 클립보드에 있는 개체를 꺼내 작업공간에 추가한다.

**특정 위치에 붙여넣기**Paste in Place. 개체를 잘라내거나 복사한 후에, 이 명령을 실행하면 원래 있던 위치에 개체를 놓는다. 이 명령은 어떤 구성 요소에 새로운 개체를 추가하거나, 위치는 그대로 두고 구성 요소에서 빼낼 때 유용하다.

**실행 취소**Undo. 맥에서는 Command+Z, 윈도우에서는 Ctrl+Z이다. 이 명령은 실수한 동작을 취소하고, 이전 상태로 되돌린다.

**다시 실행**Redo. 맥에서는 Command+Y, 윈도우에서는 Ctrl+Y이다. 이 명령은 취소한 동작을 다시 실행한다. 생각이 바뀌었거나, 취소한 동작이 실수가 아니었음을 알았을 때 유용하다.

이 명령들은 스케치업 상단에 있는 **편집** 메뉴에서 찾을 수 있다. 명령들의 키보드 단축키를 소개했지만, 유일하게 **특정 위치에 붙여넣기**만 단축키가 없다.

기가 변한다(C). 이때 원의 반지름 크기를 입력하고 엔터키를 치면 된다. (스케치업은 원이나 다각형을 그릴 때 지름이 아니라 반지름을 사용한다.) 만일 도형을 움직이고 싶다면, 선택 도구를 클릭한 후 마우스로 도형 주위를 둘러싸는 사각형을 드래그하거나 그 도형을 클릭하여 선택된 상태로 만든다. 다음에 이동 도구를 선택한 후 도형의 꼭짓점을 잡아 이동하면 된다. 이동할 거리를 입력하고, 엔터키를 치면 딱 그만큼 이동할 수 있다(D).

### 처음으로 판재 그려보기

폭이 115mm, 길이가 330mm, 두께가 19mm인 판재를 그려보자. 이 치수로 판재를 그리는 데는 세 가지 방법이 있다.

**'안내선' 사용하기.** 초록 축과 평행하게 안내선을 그리자. 첫 번째 안내선은 축 선에 겹치게 한다. 줄자 도구를 선택한 다음, 초록 축을 더블클릭하면 된다. 두 번째 안내선은 빨강 축 방향으로 115mm 떨어진 곳에 그린다.

이어서 줄자 도구를 선택한 다음, 빨강 축에 커서를 대고 더블클릭한다. 그리고 두 번째 안내선은 초록 축 방향으로 330mm 이동하여 그린다.

이제 선 도구를 선택하여 안내선의 교차점을 따라 선을 그린다. 교차점에 커서가 놓이면 작은 빨간 X 표시가 나타날 것이다. 그리고 교차라는 말풍선도 나타난다. 이러한 힌트는 선을 여기까지 그리고, 방향을 틀어야 한다는 것을 알려준다(E).

선 도구로 네 선을 다 그리고 시작점에 돌아오면 사각형이 어떤 색깔로 채워진다. 스케치업 용어로 이 채워진 영역을 면Face이라고 한다. 그리고 방금 그린 선은 모서리Edge라고 한다.

만일 원점으로 돌아왔는데도 사각형이 색깔로 채워지지 않는다면, 어떤 선의 방향이 잘못 틀어졌거나, 한 안내선이 같은 평면상에 있지 않은 것이다. 지우기 도구로 모든 안내선과 선을 지우고, 다시 처음부터 시작하자. 표시되는 힌트를 유심히 봐야 한다.

**'직사각형' 도구 사용하기.** 직사각형 도구를 선택하고, 세 축이 만나는 원점을 클릭한다. 도구 커서를 원점에서 대각선 방향으로 이동한다. 커서의 움직임에 따라 직사각형 모양이 나타나고 크기가 변할 것이다. 두 개의 변이 각각 초록 축과 빨강 축 위에 있도록 하자. 판재의 길이와 너비의 크기를 숫자로 입력하자. 두 숫자 사이에는 쉼표를 넣어야 한다. 만일 115, 330이라고 쳤으면 판재의 길이 방향이 초록 축 방향이 될 것이다. 반대로 330, 115를 입력하면 판재의 길이 방향이 빨강 축 방향이 된다. 어떤 방향이든 정했다면 숫자 입력 후 엔터키를 입력하자. 그러면 직사각형이 확정되고 내부가 채워져 면이 생길 것이다(F).

**안내선과 직사각형.** 판재의 길이와 폭에 해당하는 안내선을 그린다. 안내선을 따라 선 도구로 그리는 대신 직사각형 도구로 그린다. 두 안내선이 만나는 꼭짓점을 클릭한 다음, 반대편 두 안내선이 만난 꼭짓점으로 커서를 이동한다. 이 꼭짓점에서 클릭하면 직사각형이 확정되고, 면이 생긴다(G).

**끌기로 두께 만들기.** 밀기/끌기 도구를 선택하고, 커서를 방금 만든 면 위로 옮기자. 그러면 그 면이 작은 점 패턴으로 채워질 것이다. 이것은 이 면에 대해 뭔가 작업을 할 것이라는 걸 알려준다. 이 상

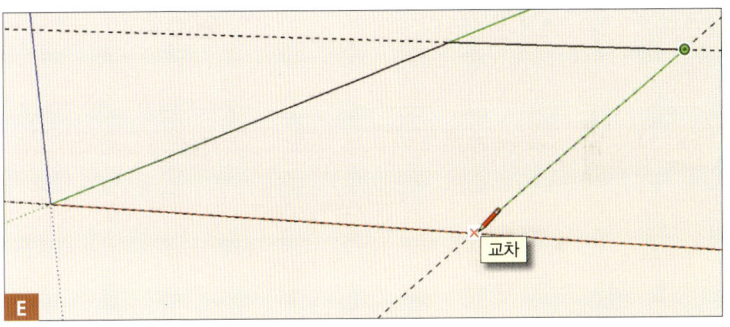

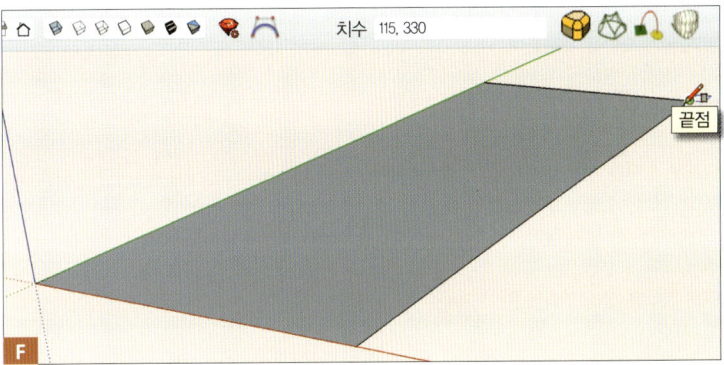

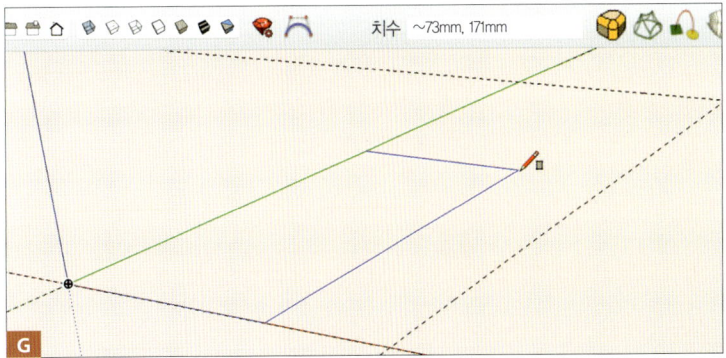

직사각형을 만드는 세 가지 방법: 안내선을 그린 후, 그것을 따라 **선** 도구로 그리기(위). **직사각형** 도구로 길이와 너비를 입력하여 그리기(중간). 안내선에 맞추어 **직사각형** 도구를 드래그하여 그리기(아래).

## 2  판재 만들기

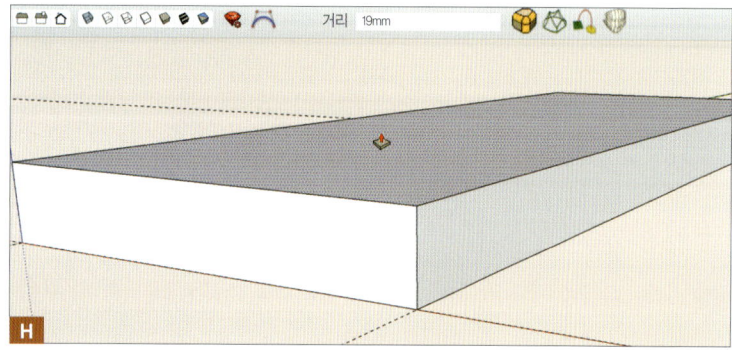

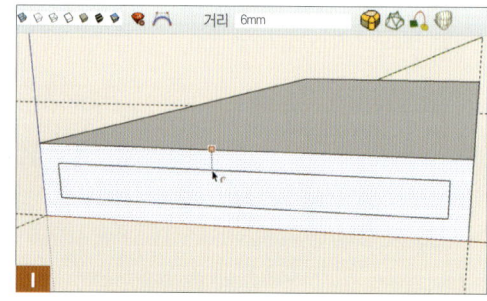

**밀기/끌기** 도구를 이용하여, 직사각형에 원하는 두께를 부여한다(위).

**오프셋** 도구를 이용하여 판재 마구리면에 장부 윤곽을 그린다(오른쪽). **밀기/끌기** 도구를 이용하여 원하는 길이만큼 장부를 잡아 뺀다(오른쪽 아래).

태에서 면을 한 번 클릭하고, 커서를 화면 위쪽으로 살짝 움직이자. 19라고 입력한 다음 엔터키를 입력하자(H).

당신은 방금 115mm 너비, 330mm 길이, 19mm 두께의 판재를 만들었다. 당신은 이제 여기에 장부를 만들거나 다른 결합 형태를 표현할 수 있다.

### 장부 추가하기

궤도* 도구를 이용하여 판재의 마구리면이 잘 보이도록 시선을 조정한다. 이어서 오프셋 도구를 선택하고, 마구리면의 모서리 근처에 커서를 댄다. 제대로 된 위치라면 빨간 네모점이 나타나고, '가장자리에'라는 말풍선을 볼 수 있다. 클릭을 한 번 하면 오프셋 도구의 시작 지점이 결정되고, 커서를 마구리면의 가운데 방향으로 움직이면 사각형이 나타난다. 이때 6을 입력하고 엔터키를 친다. 이렇게 하면 7mm와 103mm 크기의 장부 바닥이 생긴다. 또한 마구리면의 네 모서리로부터 6mm 떨어진 것을 알 수 있다(I).

밀기/끌기 도구를 선택하고, 방금 만든 사각형 안으로 커서를 가져다 댄다. 클릭하고 커서를 움직이면 장부가 튀어 나올 것이다. 19를 입력하고 엔터키를 치자. 이제 장부가 완성되었다(J).

### 모서리에 턱 만들기

긴 모서리를 따라 12mm 폭, 6mm 깊이의 턱 Rabbet**을 만들어보자. 줄자 도구를 선택하고, 판재의 모서리에서 12mm 위치에 안내선을 그린다. 선 도구를 선택하고 안내선을 따라 선을 그린다. 밀기/끌기 도구를 선택한 다음 턱을 만들 영역에 커

* 마우스 휠 버튼을 누르면 궤도 도구가 자동으로 선택된다. 휠을 누른 채로 이리저리 움직이면 편하다.
** 모서리 끝에 한쪽 벽이 터진 홈을 판 것. 계단 모양이 된다.

서를 댄다. 클릭을 한 다음 커서를 아래로 움직이면 턱이 생긴다.

6을 입력하고 엔터키를 치자. 또는 밀기/끌기 도구의 커서를 아까 만든 장부의 윗면에 대자. 이렇게 하면 다른 객체를 기준으로 어디까지 밀지 정할 수 있다(K).

## 다도 추가하기

19mm 폭에 6mm 깊이인 다도$_{Dado}$*를 판재 중간에 만들어보자. 늘 그렇듯 안내선부터 먼저 그린다. 줄자 도구로 판재의 마구리에서 152mm 떨어진 곳에 안내선을 그리자. 그리고 이 안내선에서 19mm 떨어진 두 번째 안내선을 그린다. 마구리면에서 171mm 떨어진 곳에 안내선을 그려도 되지만, 첫 번째 안내선에서 출발해 19mm 떨어진 안내선을 그리는 것이 더 쉽다.

두 안내선을 따라 선 도구로 선을 그린다. 밀기/끌기 도구를 선택한 다음 6mm 밀어 홈을 만든다. 얼마나 밀지는 숫자로 쳐 넣으면 된다. 아니면 아까 했던 것처럼 커서를 장부의 윗면에 대고 클릭해도 된다. 홈의 깊이가 장부의 윗면과 같기 때문에 장부를 기준으로 미는 것이다(L).

## 구멍 뚫기

줄자 도구를 이용하여 다도의 오른쪽 영역 중심을 표시하자. 이를 위해서 계산을 하거나 측정할 필요는 없다. 줄자 도구를 선택하고 턱의 반대편 모서리를 클릭하자. 그리고 커서를 직각 방향의 짧은 모서리에 대고 천천히 움직여간다. 만일 커서가 짧은 모서리의 중앙 근처에 도달하면, 하늘

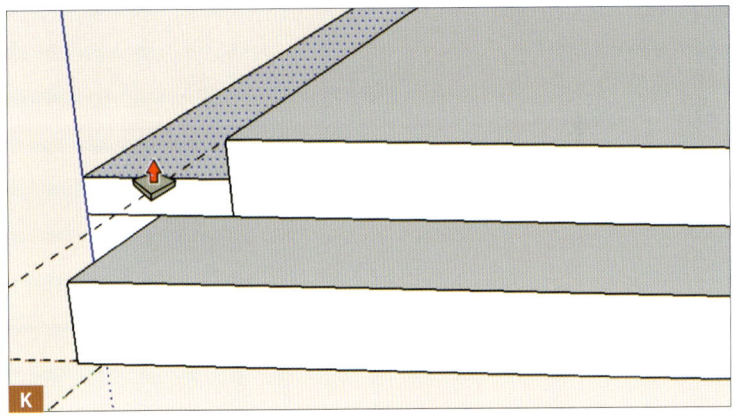

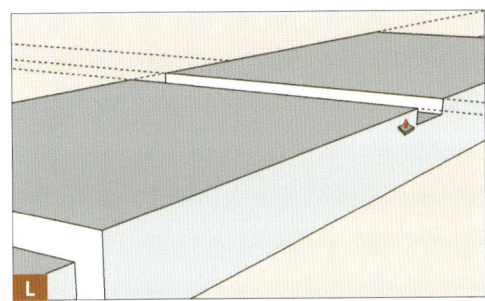

밀기/끌기 도구를 사용하여 판재의 긴 모서리에 턱을 만든다.

다시 밀기/끌기 도구를 사용하여 판재 가운데에 다도 홈을 판다.

### 마우스인가 트랙패드인가?

스케치업을 좀 하는 사람들은 스케치업을 쓰려면 휠이 달린 마우스가 꼭 필요하다고 얘기한다. 마우스를 쓰면 선을 그리면서 휠을 돌려 확대/축소도 할 수 있다. 하지만 모든 사람이 마우스를 쓰는 건 아니다. 나는 트랙패드가 달린 노트북 컴퓨터를 쓴다. 마우스를 쓰려면 번거롭고 나에게 잘 맞지 않는다. 그래서 당신이 마우스에 익숙하면 마우스를 쓰고, 트랙패드에 익숙하다면 트랙패드를 쓰라고 말하고 싶다.

---

* 다도는 나무 판재에 결 직각 방향으로 홈을 판 것이다. 결 방향으로 홈을 판 것은 그루브(Groove)라고 한다.

**줄자** 도구로 판재의 중앙을 찾을 때 추론을 활용하자. 하늘색 점은 커서가 그 선의 중앙에 있음을 알려준다.

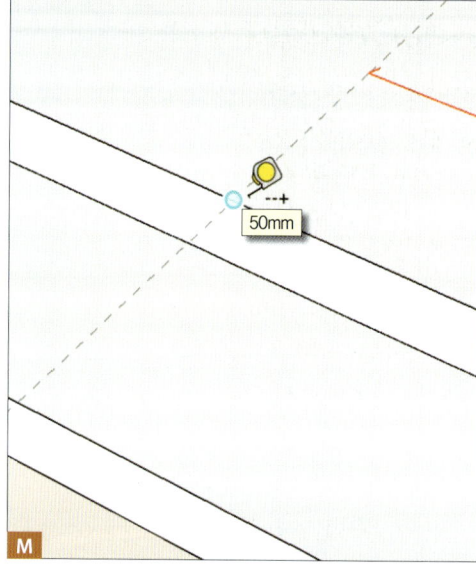

안내선 둘이 만나는 점에 원을 그린다. 그리고 **밀기/끌기** 도구로 구멍을 판다.

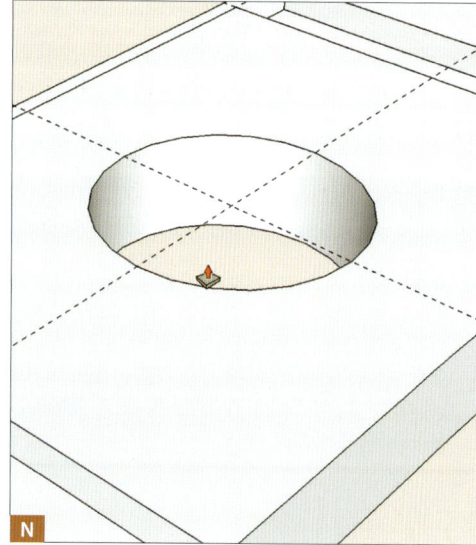

색 점이 생기고 중앙에 해당하는 치수가 말풍선으로 나타날 것이다. 커서가 자석이 있는 듯 중앙에 딱 붙기 때문에, 그것으로도 중앙을 알 수 있다 (M). 중앙 위치에서 클릭하면 안내선이 생긴다.

이제 반대로 줄자 도구의 커서를 짧은 모서리에서 클릭하고 긴 모서리를 따라 커서를 이동해서 중앙을 찾고 클릭하여 두 번째 안내선을 만들자.

이제 원 도구를 선택하자. 두 안내선이 만나는 교점에 커서를 대고 클릭한다. 그리고 커서를 바깥으로 살짝 움직인 다음, 25와 엔터키를 입력한다.

다시 밀기/끌기 도구를 선택하고, 그려진 원 위에 커서를 댄다. 클릭하고 커서를 아래쪽으로 내린 다음 19와 엔터키를 입력한다. 또는 커서를 아래쪽으로 움직여 판재의 아랫면에 닿게 해도 된다. 어떻게 하든 구멍은 뚫린다(N).

만일 원이 아니라 사각형을 그리고 구멍을 뚫었다면 장부구멍을 판 것이다.

### 주먹장 자르기

주먹장을 그리려면 각도를 재고 표시할 수 있는 각도기 도구를 사용해야 한다.

아까 만든 장부의 반대쪽 마구리면에 주먹장을 만들어보자. 턱의 반대쪽 모서리에서 50mm 지점에 안내선을 그리자. 그리고 이 안내선 양쪽으로 12mm 떨어진 곳에 두 개의 안내선을 더 추가한다. 다음으로 판재의 마구리면에서 19mm 떨어진 안내선을 그린다.

각도기 도구를 선택한 다음, 두 번째 그린 안내선 중 왼쪽 안내선과 마구리면이 만나는 지점에 클릭을 하고, 반시계 방향으로 안내선을 돌린다. 그리고 12(돌리고자 하는 각도)와 엔터키를 입력한다. 이렇게 하면 안내선이 12도 회전하게 된다. 오른쪽 안내선도 같은 식으로 작업한다. 단 반시계 방향이 아니라 시계 방향이라는 점이 다르다(O).

이제 선 도구로 바꾸어서 안내선의 윤곽을 따라 선을 그린다. 선을 다 그렸으면 밀기/끌기 도구로 주먹장을 파낼 수 있다(P). 여기서도 마찬가지로 밀기/끌기 도구 커서를 판재 바닥 방향으로 살짝 밀고 19를 입력하면 주먹장을 파낼 수 있다.

## 코너 둥글리기

이제 판재의 턱 반대 방향 쪽 모서리의 아랫부분을 들여다본다. 2점 호 도구를 선택하고 판재의 꼭짓점 근처를 클릭한다. 꼭짓점에서 얼마나 떨어지느냐는 중요하지 않다. 2점 호 도구 커서를 아래쪽 모서리를 따라 이동한다. 움직이다 보면 호의 색깔이 자홍색으로 바뀌는 순간이 있다. 이것은 호의 양 끝점이 꼭짓점으로부터 같은 거리에 있음을 의미한다. 이 상태에서 클릭하여 호를 완성한다.

이제 밀기/끌기 도구로 바꾸고, 호의 바깥 부분을 밀어 없앤다. 330(판재의 길이)을 입력하여 없애도 되고, 그냥 밀기/끌기 커서를 반대편 마구리 면까지 움직여 없애도 된다(Q, R).

## 배운 것 정리

이 장에서는 안내선, 선, 원, 호 등을 그리는 방법과 정확한 치수로 그리고 측정하는 방법, 판재를 만들고 거기에 여러 가지 모양을 파는 방법에 대해서 살펴보았다.

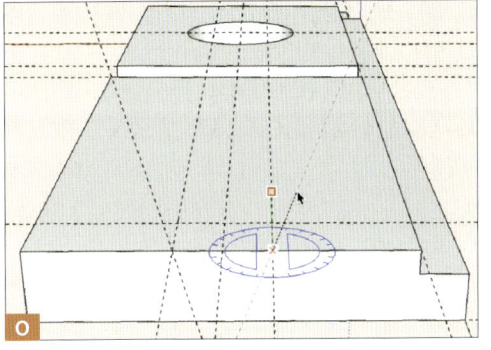

**줄자** 도구와 **각도기** 도구로 주먹장의 외곽이 될 안내선을 그린다.

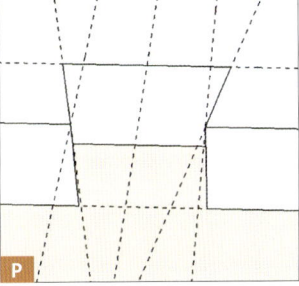

**밀기/끌기** 도구로 주먹장을 파낸다.

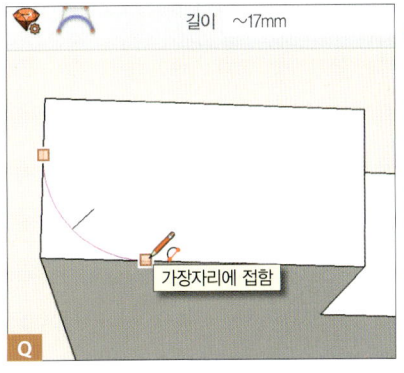
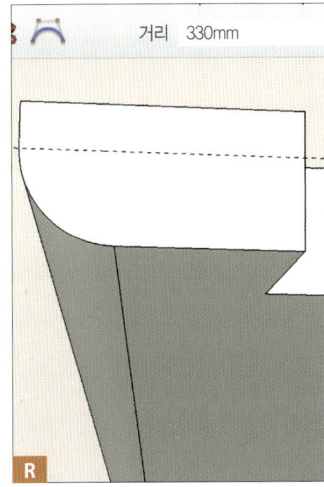

**2점 호** 도구로 모서리를 따라 파낼 호의 윤곽을 그린다. **밀기/끌기** 도구로 모서리를 따낸다.

# 핵심 규칙

# CHAPTER 3
# 규칙 1: 항상 구성 요소로 작업하라
구성 요소를 쓰면 복사와 변경이 쉽다.

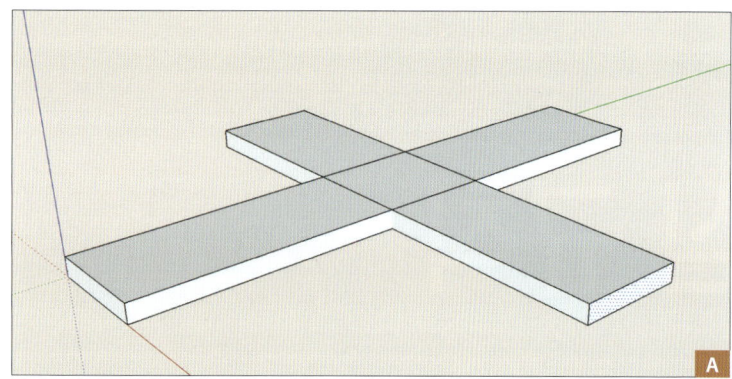

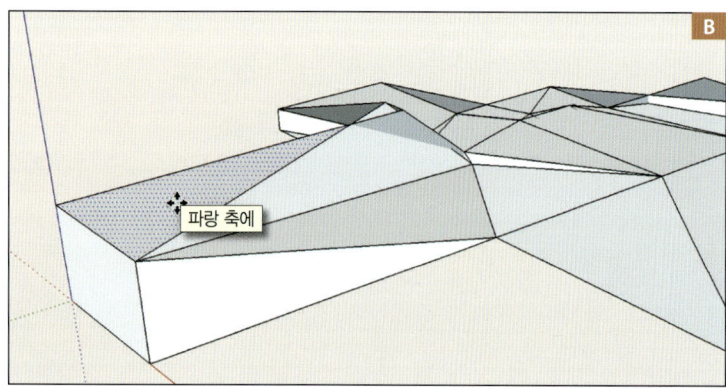

이 두 겹쳐진 도형은 겉보기에는 괜찮아 보인다. 하지만 하나를 움직이는 순간 엉망진창이 된다.

이 장의 제목은 스케치업을 정복하기 위해 가장 중요한 규칙을 담고 있다. 구성 요소 Component로 작업하지 않는다면, 당신은 그냥 아무 선이나 도형을 만든 것이고 아무 곳에도 쓸모없는 작업을 한 것이다.

### 구성 요소란 무엇인가?

목수에게 구성 요소는 가상의 판재이다. 즉, 공방에 있는 나뭇조각 하나라고 생각하면 된다. 구성 요소는 독립적이고 구별되는 개체이다. 구성 요소를 자르고, 변형하고, 크기를 늘리고, 복사하고, 이동하는 것은 다른 구성 요소에 영향을 주지 않는다. 공방에서 한 판재의 길이를 자른다고 멀쩡한 다른 판재의 길이가 짧아지진 않는다. 스케치업의 구성 요소도 마찬가지이다.

구성 요소의 중요성에 대해 이해할 수 있도록 간단한 실험을 해보자. 사각형 도구와 밀기/끌기 도구로 앞 장에서 했듯이 판재 하나를 그리자. 두 번째 판재를 처음 그린 판재에서 약간 떨어진 곳에 그리자. 선택 도구를 클릭하고 두 번째 판재로 커서를 옮긴 뒤 빠르게 세 번 클릭(트리플 클릭)하자. 그러면 두 번째 판재 전체가 파란색으로 선택될 것이다. 이제 이동 도구를 선택하고, 선택된 판재를 이동시켜 첫 번째 판재와 겹치게 하자. 클릭하면 그 위치로 결정된다 (A).

규칙 1: 항상 구성 요소로 작업하라 **3**

이제 이동 도구를 선택하여 두 번째 판재의 윗면을 이동시켜보자. 상하좌우 어디든 상관없다(B). 눈으로 볼 수 있듯이 모든 것이 엉키게 되고, 이상하게 뒤틀어진 모양으로 변한다.

실행 취소 명령을 몇 번 실행하여 두 개의 판재가 따로 놓여 있는 상태로 가자. (맥에서는 Command+Z이고, 윈도우에서는 Ctrl+Z이다.)

### 구성 요소 만드는 방법

선택 도구로 판재 하나를 트리플 클릭하여, 판재 전체를 선택 상태로 만들자. 큰 도구 세트에서 구성 요소 만들기 도구를 선택하거나, 오른쪽 버튼을 눌러 팝업 메뉴가 나오면 C키를 누르자. (나는 키보드 C를 입력하는 것이 편하다. 구성 요소 만들기 도구 아이콘을 클릭하는 경우는 드물다.) 그러면 창이 하나 표시된다(C). 구성 요소의 이름을 입력하고 구성 요소로 선택 항목 대체 항목에 체크가 되어 있는지 확인하자. 그리고 만들기 버튼을 클릭하자. 이렇게 하면 선택한 요소들이 구성 요소로 만들어진다.

나머지 판재도 같은 방법으로 구성 요소로 만들자. 단, 구성 요소의 이름은 다르게 주어야 한다.

이동 도구를 선택하고 두 번째 판재 위로 커서를 가져다 대자. 클릭을 하고 나서 커서를 움직여 아까처럼 첫 번째 판재와 겹치도록 해본다(D). 이 상태에서 판재를 다시 클릭하여 움직여보자. 좀 전과 달리 움직이는 구성 요소는 다른 구성 요소에 영향을 주지 않는다. 이렇게 되는 것이 원하던 바이다.

어떤 개체의 모양을 크기에 맞춰 그렸다면, 다른 작업을 하기 앞서서 반드시 구성 요소로 만들어야 한다. 이것이 이 책에서 제시하는 규칙 중에서 가장 중요한 절대 규칙이다.

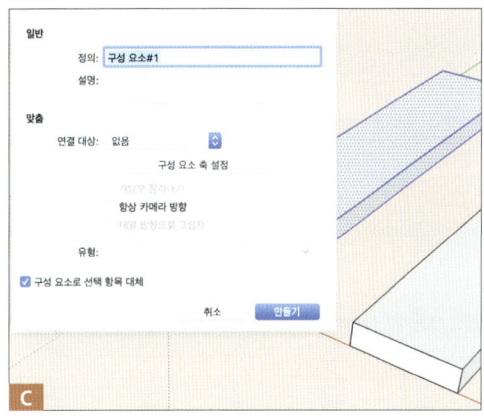

도형을 구성 요소로 만들면 (왼쪽), 다른 도형과 간섭을 일으키지 않고 겹칠 수 있다 (아래).

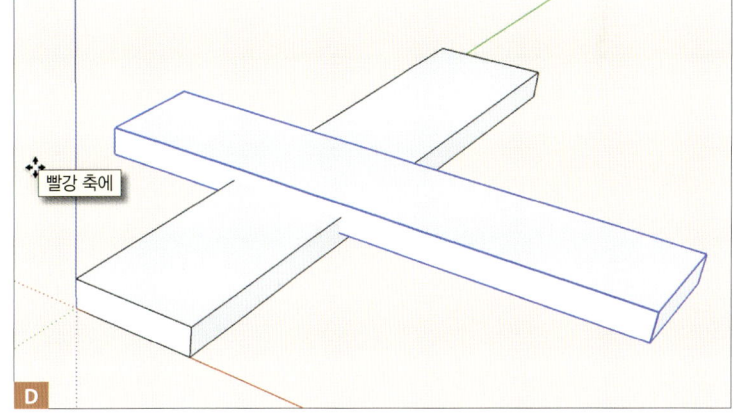

## 구성 요소의 위력

구성 요소는 다른 개체와 간섭을 일으키지 않게 하는 것 이상의 장점이 있다. 구성 요소를 사용하면 모델링을 빠르고 정확하게 할 수 있다. 실습을 통해 이 말을 증명해보겠다.

이동 도구를 선택하고 아까 구성 요소로 만든 첫 번째 판재를 클릭하자. 그리고 Ctrl키(맥은 Option 키)를 누르면 구성 요소의 복사본이 생긴다. 그리고 커서를 움직이면 복사본이 따라 움직이게 된다. 원하는 위치에 클릭하여 위치를 잡는다. 이제 선택 도구로 첫 번째 판재를 선택한 후, 더블클릭하여 구성 요소를 편집하자.

줄자 도구로 판재 윗면의 가운데를 표시하자. 그리고 원 도구로 안내선이 만나는 교점을 중심으로 원을 그린다. 밀기/끌기 도구로 바꾼 뒤 그린 원을 살짝 아래로 내려 홈을 만든다(**E**).

자, 이제 아까 복사했던 두 번째 판재를 보자. 같은 위치에 같은 모양의 둥근 홈이 만들어져 있을 것이다. 이것이 바로 구성 요소의 대단한 점이다. 한 구성 요소에 변화를 주면, 그 구성 요소의 복사본에 모두 같은 변화를 줄 수 있다. 예를 들어 책장의 옆면을 구성 요소로 만들어두었다면, 여기에 다도 홈을 팔 경우 복사된 옆면에도 같은 위치에 같은 크기의 다도 홈이 생긴다.

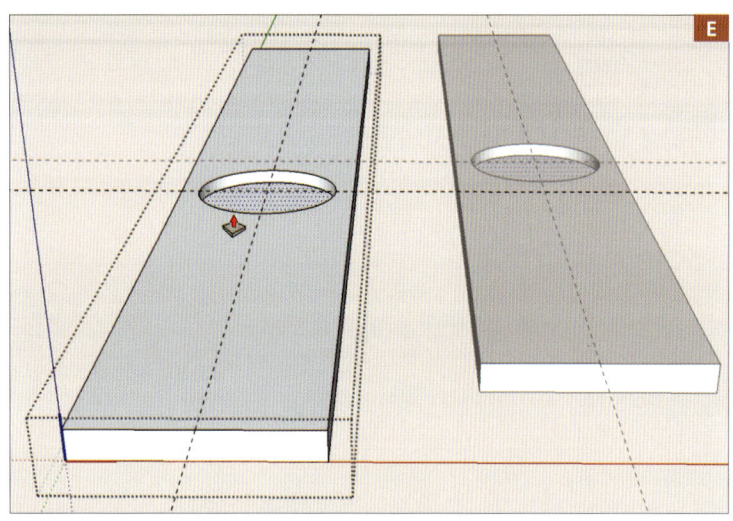

구성 요소 주위의 점선은 해당 구성 요소가 편집 상태임을 나타낸다. 한 구성 요소를 편집하면 복사해놓은 다른 구성 요소도 같이 변경된다.

## 구성 요소를 재사용하는 법

수 세기 동안 목수들은 자주 사용되는 부속을 똑같이 만들기 위해 패턴과 템플릿을 사용해왔다. 스케치업에서는 자주 사용되는 구성 요소를 저장해두었다가 언제든 다시 꺼내 쓸 수 있다. 예를 들어 몰딩 단면이나 둥근 다리 모양 같이 복잡한 모양도 구성 요소로 저장해두면, 클릭 몇 번으로 작

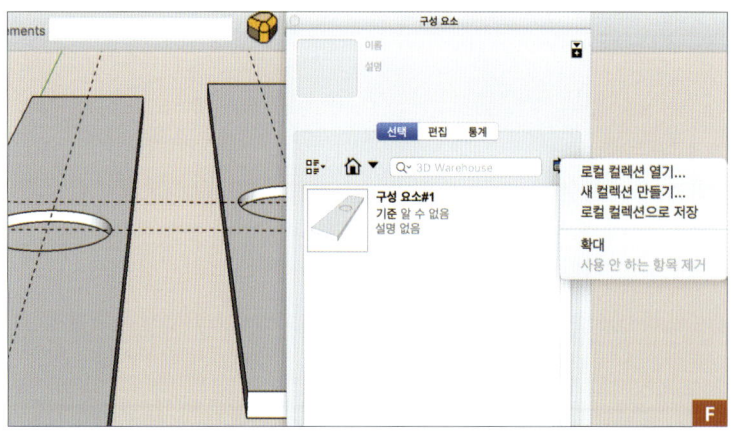

구성 요소 창은 이 모델에서 사용된 구성 요소를 모두 보여준다. 재사용을 위해 구성 요소를 저장하고 싶으면 **상세 정보** 화살표를 클릭하고 **로컬 컬렉션으로 저장**을 선택한다.

성 중인 모델에 불러들일 수 있다. 지금부터 어떻게 하는지 알아보자.

스케치업 화면 오른쪽에 있는 트레이에서 구성 요소 트레이를 열자. (맥에서는 창Window 메뉴를 클릭하고 구성 요소를 선택하면 된다.) 자세히 보면 집 모양 아이콘이 있을 것이다. 그 옆의 작은 화살표 모양을 클릭하면, 보여줄 구성 요소의 위치를 선택할 수 있다. 여기서 '모델 안In Model'이 선택된 것을 확인하자.

이제 집 모양 아이콘 아래로 당신이 조금 전 만든 구성 요소들의 썸네일이 보일 것이다. 구성 요소의 썸네일 위에 오른쪽을 가리키는 화살표가 보일 것이다. 이것은 상세 정보라는 이름을 가진 버튼이다. 그것을 클릭한 다음 로컬 컬렉션으로 저장을 선택한다(F). 그러면 새로운 창이 하나 뜰 것이다. 이 창은 컬렉션을 저장할 위치를 정하는데, 당신의 하드디스크나 바탕화면 또는 다른 원하는 곳을 지정할 수 있다. 새로운 폴더를 만들고 싶으면 오른쪽 버튼을 누른 후 새 폴더를 만들고 이름을 정하면 된다.

구성 요소 트레이로 다시 돌아가자. 오른쪽 위에 조그만 + 모양이 보일 것이다. 이것을 클릭하면 구성 요소 트레이 안에 다른 창이 생긴다. 집 아이콘 옆의 화살표를 클릭하여 구성 요소를 선택하고, 위쪽 창에서 원하는 구성 요소를 드래그하여 아래쪽 창으로 옮기자(G).

이제 새로운 스케치업 파일을 만들고 구성 요소 트레이를 열어보자. 그리고 집 아이콘 옆의 화살표를 클릭하여 구성 요소를 선택하면, 당신이 아까 옮겨 놓은 판재 구성 요소가 보일 것이다. 이것을 사용하려면 그냥 드래그하여 작업 중인 모델에 옮겨 놓으면 된다(H).

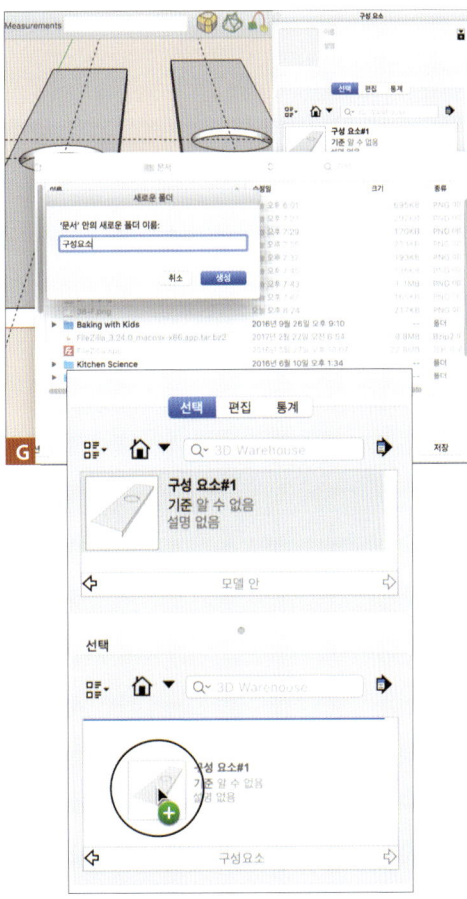

컴퓨터에서 구성 요소를 저장할 폴더를 새로 만들고, 그 위치를 선택하면 새로운 컬렉션을 만들 수 있다(위). 구성 요소를 새로운 컬렉션에 추가하려면 새로운 컬렉션을 위한 창을 만들고(왼쪽) **모델 안** 구성 요소의 썸네일을 드래그하여 아래에 있는 컬렉션 창에 옮기면 된다.

### 안 쓰는 것은 버리자

안 쓰는 구성 요소를 어떻게 없앨 수 있을까? 구성 요소 트레이에서 **모델 안**을 선택하자. 그리고 화살표 모양의 **상세 정보** 아이콘을 클릭하고, **사용 안 하는 항목 제거**를 선택하자. 이것은 당신이 만든 것뿐 아니라 스케치업이 기본으로 제공하는 사람 모델도 없애준다.

# 규칙 1: 항상 구성 요소로 작업하라

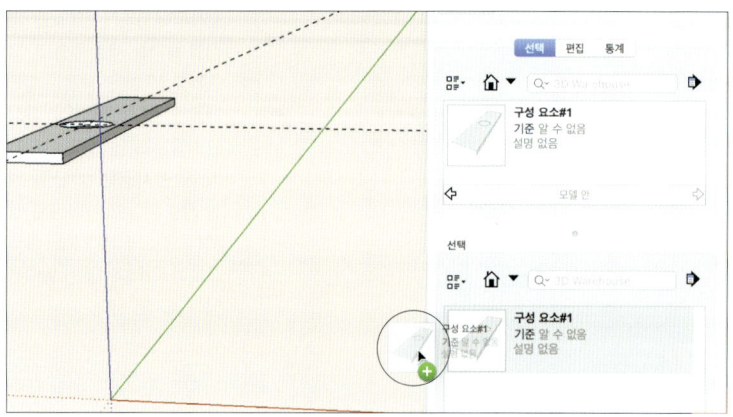

새로운 스케치업 파일에서 구성 요소를 재사용하려면, 구성 요소 트레이에서 사용하려는 컬렉션을 선택한 후 원하는 구성 요소를 드래그하여 작업공간으로 옮기면 된다.

개별 구성 요소를 그룹으로 만들 수 있다. 예를 들어 장롱 문짝과 붙어 있는 손잡이와 경첩을 모두 묶어서 하나의 그룹을 만드는 식이다. 이 문짝을 살짝 열고 싶다면, 이 그룹을 회전하면 된다.

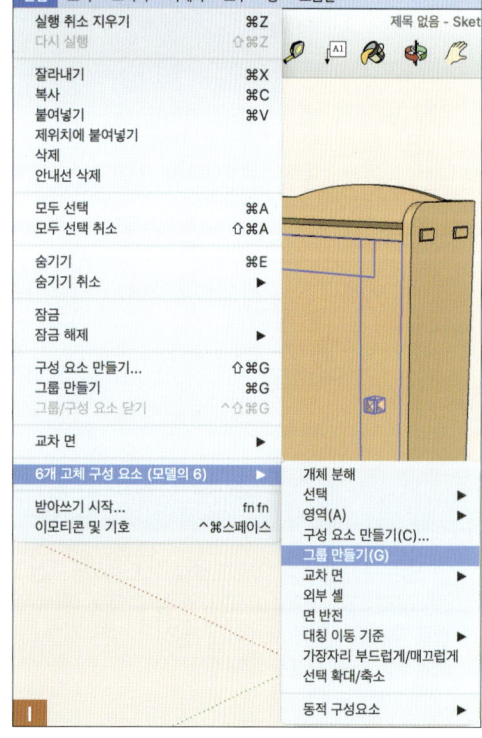

이런 식으로 필요한 만큼 자신의 컬렉션을 만들 수 있다. 예를 들어 손잡이 컬렉션, 경첩 컬렉션, 몰딩 단면 컬렉션 등 쉽게 찾아볼 수 있도록 분류해놓으면 좋다.

## 구성 요소와 그룹

스케치업에서는 개체를 구성 요소로 만들 수도 있고, 그룹으로도 만들 수 있다. 그룹은 구성 요소만큼 적극적으로 사용되지는 않지만 나름 쓰임새가 있다. 구성 요소를 복사하듯 그룹도 복사할 수 있다. 그러나 원래의 그룹을 편집하더라도 그 변경사항이 복사한 그룹에 나타나지 않는다. 또한 그룹은 로컬 컬렉션에 저장하거나 재사용할 수 없다.

이러한 제한에도 불구하고 구성 요소보다 그룹이 더 적당할 때가 있다. 장롱 문짝을 모델링했다고 치자. 그리고 이 문짝을 살짝 열고 싶다고 하자. 앞서 배운 규칙을 잘 배웠다면 이 문짝을 구성하는 문짝, 손잡이 등은 모두 구성 요소로 만들어졌을 것이다. 문짝을 회전하고 싶다면 이 구성 요소들을 시프트키를 누른 상태에서 클릭하여 모두 선택해야 한다. 안 그러면 선택한 하나의 구성 요소만 회전할 것이다. 시프트키를 누른 상태에서 문짝을 구성하는 모든 구성 요소를 선택한 다음, 그 위에서 오른쪽 버튼을 누르고 그룹 만들기 메뉴를 실행하면 선택한 것들을 그룹으로 만들 수 있다. 이제 한 번의 클릭으로 그룹을 선택한 다음 문짝 전체를 돌릴 수 있다(I).

## 복사한 구성 요소가 원본과 달라져야 한다면

하다 보면 복사한 구성 요소가 원본 구성 요소와 달라져야 할 때가 있다. 다시 장롱 문짝을 생각해보자. 장롱 문짝은 알판과 4개의 테두리로 구성되어 있는데, 좌우 두 테두리는 모양과 크기가 같고 결국 모양도 같은 하나의 구성 요소이다. 그런데 한 테두리는 손잡이를 위한 구멍이 있고, 다른 테두리는 경첩을 달기 위한 홈이 필요하다. 그냥 단순히 테두리 구성 요소를 복사하고, 이 두 요소를 그렸다면, 테두리 하나에 손잡이 구멍과 경첩 홈 둘 다 있을 것이다.

같은 크기와 모양이어서 구성 요소로 만들고 복사했지만, 이제 달라져야 할 필요가 있다면 고유하게 지정 명령을 사용하면 된다. 구성 요소를 복사하고 나서 복사한 구성 요소에 오른쪽 버튼을 클릭하면 그 명령을 쓸 수 있다(J).

이 명령을 수행한다고 구성 요소에 당장 변화가 생기지는 않는다. 이 명령이 하는 일은 복사한 구성 요소와 원본 구성 요소와의 관계를 끊어버리는 것일 뿐이다. 구성 요소 트레이를 보면 고유하게 지정한 구성 요소가 테두리 #1 식으로 새로 만들어진 것을 볼 수 있다.

## 요소 정보 트레이 알아보기

구성 요소를 선택한 후 요소 정보 트레이(윈도우)나 창>요소 정보(맥) 메뉴를 선택하자. 이 창은 구성 요소에 대한 중요한 정보를 알려줄 뿐 아니라 기본적인 설정도 변경할 수도 있다.

첫 번째 입력 상자는 구성 요소가 놓인 레이어Layer에 대해 알려준다. 스케치업에서 레이어를 잘 활용하면 여러 가지 개체들을 화면에 표시하거나 숨길 수 있다(7장 참고). 아직 다른 레이어를 만들지 않았다면, 당신이 만든 구성 요소는 Layer0에 있을 것이다. 이것이 정상이다.

요소 정보 트레이는 구성 요소에 적용된 색깔이나 재질에 대해서도 보여준다(K). (알아차렸는지

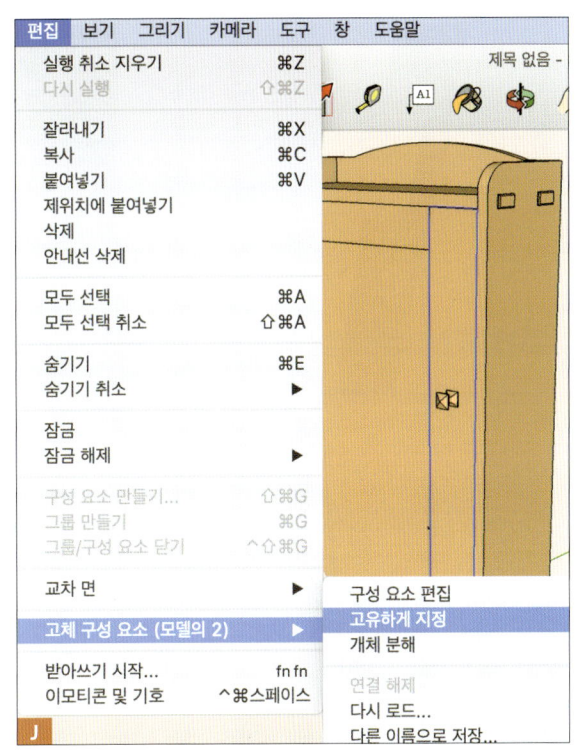

복사한 구성 요소가 원본 구성 요소와 달라져야 한다면, 그것을 **고유하게 지정**할 수 있다. 여기서는 손잡이가 달린 테두리가 고유하게 지정되었다. 이렇게 하지 않았다면 양쪽 테두리 모두에 손잡이를 위한 드릴 구멍이 생겼을 것이다.

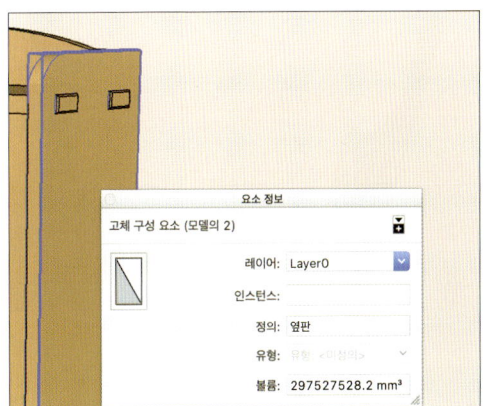

**요소 정보** 트레이는 구성 요소의 핵심 속성들을 보여준다. 구성 요소의 이름을 바꿀 수도 있고 원이나 호에 대해서는 곡선을 구성하는 조각의 수를 바꿀 수도 있다.

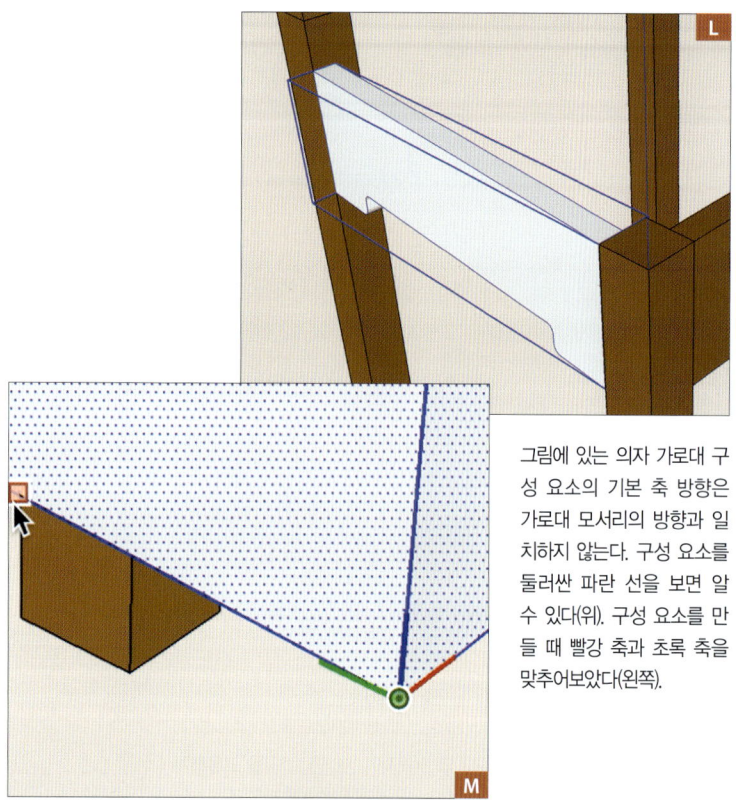

그림에 있는 의자 가로대 구성 요소의 기본 축 방향은 가로대 모서리의 방향과 일치하지 않는다. 구성 요소를 둘러싼 파란 선을 보면 알 수 있다(위). 구성 요소를 만들 때 빨강 축과 초록 축을 맞추어보았다(왼쪽).

구성 요소의 축을 정렬하고 나니 파란 선이 제대로 가로대를 감싸게 되었다.

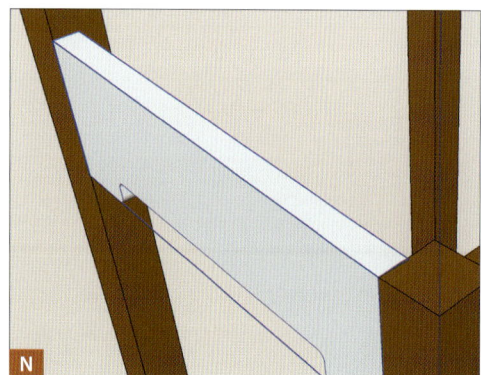

모르겠지만 왼쪽 사각형 안에 보인다.)

유형Type 상자는 일단 넘어가자. 이것은 건축가를 위한 것으로 매우 복잡한 모델을 만들 때 사용된다.

정의Definition 상자는 당신이 구성 요소에 부여한 이름을 보여준다. 이름을 짓지 않았다면 스케치업이 자동으로 할당한 이름이 보일 것이다. 원한다면 언제든 이 입력 상자에서 새로운 이름으로 변경할 수 있다.

마지막 상자는 구성 요소의 부피Volume를 보여준다. 목공에서는 그다지 쓸 일은 없다. 요소 정보에서 한 가지 더 알아두어야 할 것은 조각Segments 상자에 대한 것이다. 이 상자는 원이나 호 같은 곡선을 선택하면 나타나는데, 여기에 큰 숫자를 입력할수록 곡선이 부드럽게 표현된다. 또한 반경Radius 상자에는 반경이 잘못 되었을 경우 정확한 숫자를 입력할 수 있다.

## 구성 요소의 축을 설정하기

스케치업은 구성 요소를 만들 때 구성 요소의 축을 작업공간의 축과 같게 만든다. 이때 원점은 구성 요소의 왼쪽 아래 구석이다. 대부분의 경우 이것이 문제되지는 않는다. 하지만 가끔은 축을 바꾸어야 할 때가 있다.

가장 좋은 예가 의자의 앞다리와 뒷다리 사이를 연결하는 기울어진 가로대Stretcher이다. 이 가로대의 축을 바꾸지 않으면, 스케치업은 이 구성 요소의 방향과 맞지 않는 큰 파란 박스로 싸게 된다(L). 물론 이 파란 박스는 방향이 틀어졌을 뿐 내용물에 맞는 크기를 가지고 있다. 그런데 당신이 재단 목록을 뽑는 플러그인을 사용하고 있다면 문제가 될 수 있다. 이 플러그인은 모델을 둘러싸는 파란 박스의 크기를 기준으로 하기 때문이다.

규칙 1: 항상 구성 요소로 작업하라

이 문제를 해결하려면 구성 요소의 축 방향을 구성 요소에 맞게 바꾸어야 한다. 다음과 같이 할 수 있다. 구성 요소로 만들 개체를 모두 선택한 후 오른쪽 버튼을 누르고 구성 요소 만들기 메뉴를 선택하거나 C키를 누른다. 대화창이 뜨면 구성 요소 축 설정이라는 버튼을 클릭하자. 그러면 축을 설정할 수 있는 화살표와 세 축선이 나타난다.

먼저 축의 원점이 될 구성 요소의 아래 구석에 커서를 놓고 클릭한다. 그리고 빨강 축이 될 구성 요소의 모서리에 커서를 댄 후 클릭한다. 그 다음으로 초록 축이 될 모서리에 커서를 대고 클릭한다(M). 파랑 축은 앞서 결정된 두 축의 방향에 따라 자동으로 결정되므로 신경 쓸 필요가 없다. 이제 만들기 버튼을 클릭하여 구성 요소를 만들자.

이제 가로대 구성 요소를 둘러싸는 파란 박스가 가로대의 모양대로 잘 둘러쌈을 확인할 수 있다(N).

이러한 축 조정은 손잡이 같은 철물을 모델링할 때 유용하다. 만일 손잡이의 중심에 축을 배치한다면, 이 손잡이를 구멍에 집어넣을 때 매우 편리하다(O, P).

### 배운 것 정리

이 장에서는 선과 면을 구성 요소로 만드는 법에 대해 배웠다. 구성 요소는 모델의 다른 부분에 영향을 주지 않고 수정하거나 움직일 수 있는 독립적인 요소이다. 구성 요소는 스케치업을 정복하기 위해 필요한 가장 중요한 개념이기도 하다.

또한 구성 요소와 그룹의 차이에 대해서도 배웠고, 구성 요소를 재사용하기 쉽도록 컬렉션에 저장하는 법도 배웠고, 구성 요소의 축을 조정하는 법에 대해서도 배웠다.

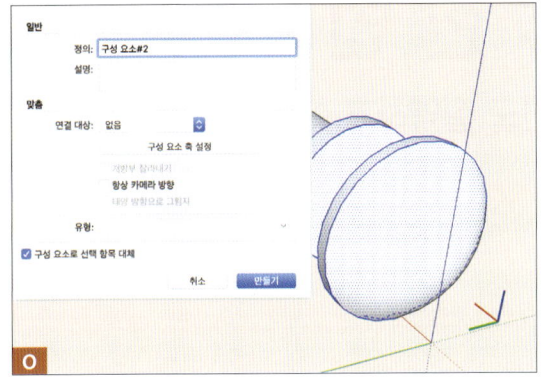

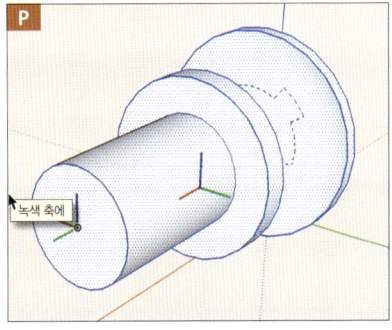

이 둥근 손잡이의 기본 축 방향은 객체 위에 있지도 않다(위). 그리고 별로 유용하지도 않다. 축을 손잡이 봉의 밑바닥 중심으로 옮기면(오른쪽), 이 손잡이를 다른 구성 요소의 구멍에 집어넣을 때 편리하다.

### 고체인가 아닌가?

어떤 구성 요소의 면들이 빈틈없이 선에 의해 둘러싸여 있다면, 스케치업은 이를 고체 구성 요소Solid Component라고 한다. 원래 스케치업의 주용도 중 하나는 3D 프린팅을 위한 설계 도구였기 때문에 고체 구성 요소에 대한 개념이 살아 있다. 그리고 이런 점은 다른 응용에서도 유용하다. 어떤 구성 요소를 선택하고 요소 정보 트레이를 보았을 때 또는 **편집** 메뉴에서 보았을 때, **고체 구성 요소**라는 제목 대신에 그냥 **구성 요소**라는 제목이 붙어 있다면, 뭔가 빈틈이 있는 것이다.

따로 설치할 수 있는 플러그인 중에는 구성 요소의 빈틈 문제를 해결할 수 있는 것들이 있다. 11장에서 이 플러그인에 대해 살펴볼 것이다.

CHAPTER 4

# 규칙 2: 한 번 그렸으면, 되도록 많이 써라
복사하면 시간도 절약하고 실수도 줄일 수 있다.

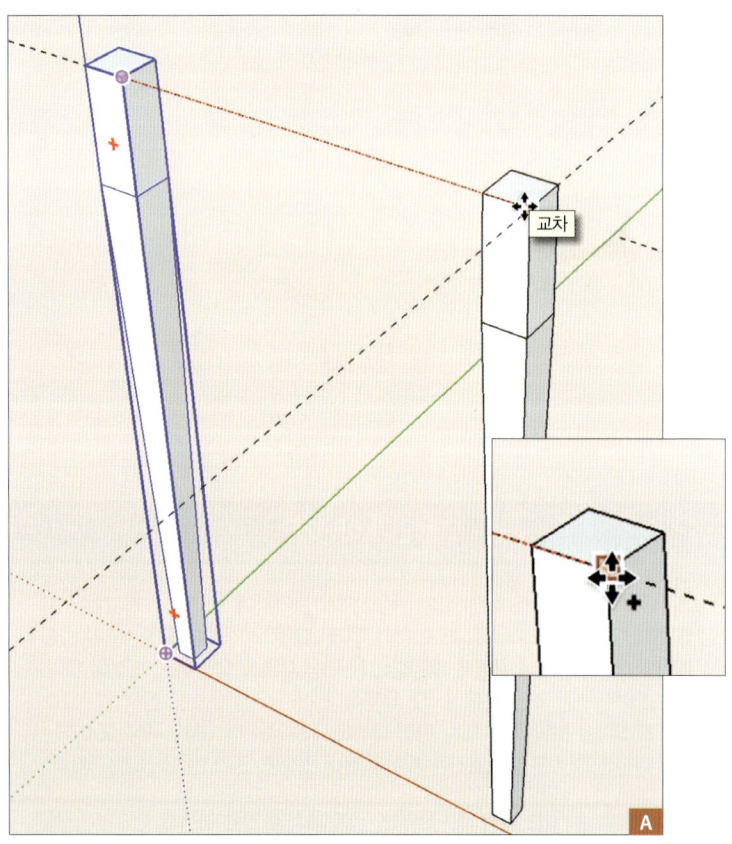

복사를 하기 위해서는 원본을 선택한 후 Ctrl키(윈도우)나 Option키(맥)를 누른다. 그러면 조그만 + 표시가 나타나서 복사되고 있음을 알려준다(내부). 복사본을 미리 그려둔 안내선에 맞추어 정확하게 배치한다.

스케치업은 구성 요소의 막강한 기능을 활용할 수 있는 몇 가지 방법을 제공한다. 이를 잘 활용하면 빠르고 정확하게 모델링을 할 수 있다. 또한 여기서 스케치업 정복을 위한 두 번째 규칙이 도출된다. 한 번 그렸으면, 되도록 많이 써라. 실제 목공에서도 똑같은 부속을 여러 개 만드는 경우가 많다. 테이블의 다리, 책장의 선반 등을 생각해보자. 정확한 모델링을 위해 이런 부속은 똑같은 모양으로 복사되어야 한다. 지금부터 어떻게 이것을 복사할 수 있는지, 그리고 복사물을 어떻게 배치하는지 알아보자.

### 2개의 중요한 도구

구성 요소를 복사하려면 Ctrl키(윈도우)나 Option키(맥)와 함께 이동이나 회전 도구를 사용해야 한다. 사실 구성 요소가 아니어도 어떤 것이든 복사할 수 있다. 안내선, 직선, 호 등 어떤 모양을 아직 구성 요소로 만들지 않았어도 이 방법으로 복사할 수 있다. 심지어 구성 요소 내부에서도 모양을 복사할 수 있다. 예를 들어 주먹장 모양이나 장부 모양이 그렇다.

구성 요소를 복사하는 방법을 차근차근 알아보자.

줄자 도구로 교차하는 두 개의 안내선을 그리자. 안내선의 교차점이 복사한 구성 요소가 놓일 곳이다. 이동 도구를 선택하고 커서를 복사할 구성 요소 위로 옮긴다. 그러면 구성 요소를 둘러싸는 파란 박스가 나타날 것이다. 이제 이동 도구의 커서를 구성 요소의 한 꼭짓점에 대고 클릭하자. 그리고 Ctrl키(맥은 Option키)를 누르자. 자세히 들여다보면 커서 옆에 작은 + 모양이 보일 것이다. 이 + 모양은 개체가 복사되고 있음을 알려준다. 커서를 움직이면 복사된 구성 요소가 떨어져 나와 움직일 것이다. 복사물을 안내선의 교차점으로 옮기자. 스케치업이 친절하게 '교차'라는 말풍선을 띄워줄 것이다(A).

회전 도구로도 비슷하게 복사할 수 있다. 차이라면 이동 도구는 복사물이 직선으로 움직인다면, 회전 도구는 복사물이 원형 경로를 따라 움직인다는 것이다.

선택 도구로 복사하고자 하는 구성 요소를 클릭해서 선택하자. 이제 회전 도구를 선택하고, 커서를 회전하고자 하는 중심 위치에 대고 클릭한다. 그리고 커서를 회전할 개체에 댄 다음, 클릭하고 움직여보자. 여기서 Ctrl키(맥은 Option키)를 누르면 원래 개체가 아니라 복사된 개체가 움직이게 된다. 복사된 개체는 원의 경로로 시계 방향 또는 반시계 방향으로 움직일 수 있다. 원하는 각도에 놓고 다시 클릭하면 위치가 확정된다. 만일 정확한 각도로 회전해야 한다면 각도를 입력하고 엔터키를 치면 된다. 예를 들어 원 둘레의 1/6만 회전하고 싶다면 60을 입력하고, 1/5만 회전하고 싶다면 72를 입력하는 식이다(B).

### 같은 간격으로 여러 개 복사하기

일직선상이나 원 경로에 같은 간격으로 여러 개의 복사본을 만드는 것은 매우 쉽다. 하나를 복사하는 과정에 키 입력과 클릭 몇 번만 추가하면 된다.

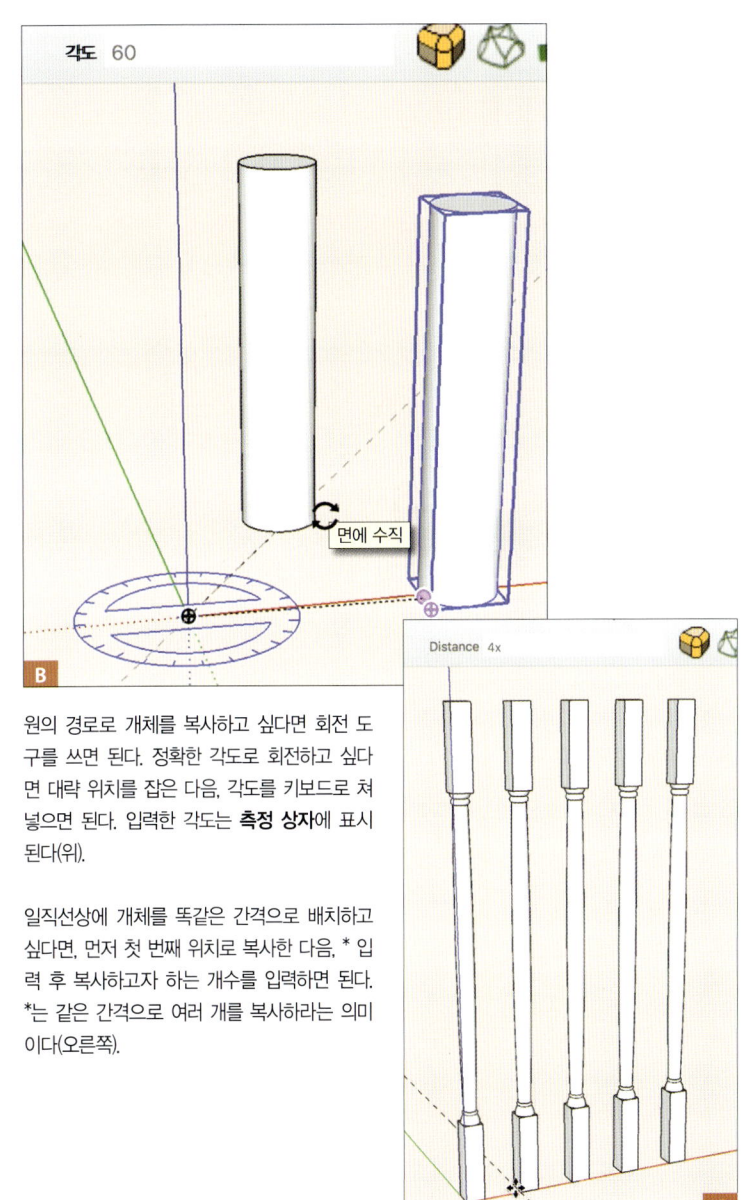

원의 경로로 개체를 복사하고 싶다면 회전 도구를 쓰면 된다. 정확한 각도로 회전하고 싶다면 대략 위치를 잡은 다음, 각도를 키보드로 쳐 넣으면 된다. 입력한 각도는 **측정 상자**에 표시된다(위).

일직선상에 개체를 똑같은 간격으로 배치하고 싶다면, 먼저 첫 번째 위치로 복사한 다음, * 입력 후 복사하고자 하는 개수를 입력하면 된다. *는 같은 간격으로 여러 개를 복사하라는 의미이다(오른쪽).

# 4 규칙 2: 한 번 그렸으면, 되도록 많이 써라

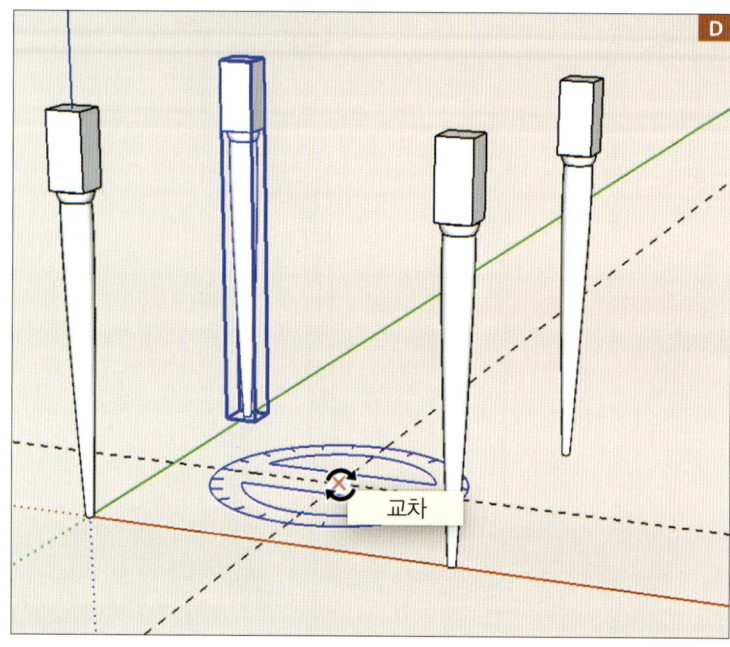

원 둘레 경로에 개체를 일정하게 놓으려면, 먼저 첫 번째 복사본을 제 위치에 만든 다음 *와 필요한 복사본 개수를 입력하면 된다.

구성 요소의 내부에서도 선이나 면 개체를 복사할 수 있다. 구성 요소 전체를 복사하는 것과 비슷하다. 오른쪽 예는 셰이커 바느질 스탠드의 가운데 기둥에 들어갈 주먹장 소켓 모양을 일정한 각도로 띄운 예이다.

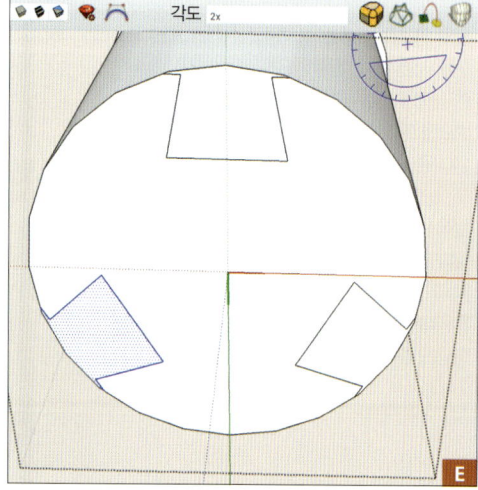

벽체의 스터드*나 침대 머리판의 세로 기둥처럼 일직선상에 같은 간격으로 복사하는 법을 알아보자. 먼저 복사할 구성 요소를 그리고, 이것을 복사할 첫 번째 위치에 해당하는 곳에 안내선을 그린다. 앞서 설명한 대로 이 안내선 위치에 첫 번째 복사물을 놓는다. 이어서 키보드로 *숫자 또는 숫자x를 입력한다. 여기서 숫자는 복사하려는 개수이다. *와 x는 보통 곱하기 연산을 의미하고, 스케치업에서도 비슷한 의미로 쓰인다. 정확하게는 첫 번째 복사한 구성 요소와 원본 구성 요소의 간격만큼 띄워 정해진 숫자만큼 복사하라는 명령이다. 예를 들어 원본 외에 4개의 복사본이 필요하다면, 첫 번째 복사본을 만든 다음 *4나 4x를 입력하고 엔터키를 치면 된다(C).

회전 도구로 복사하는 것도 비슷하다. 이 경우에 딱 맞는 예는 원형 테이블에 달린 4개의 다리이다. 다리 하나를 먼저 구성 요소로 만든다. 그리고 테이블 상판의 중심이 되는 위치를 두 개의 안내선을 교차시켜 표시한다. 회전 도구를 이용하여 위 설명처럼 첫 번째 복사본을 만든다. 시계 방향이든 반시계 방향이든 움직인 다음에 회전 각도로 90을 입력하면 된다. 첫 번째 복사본의 위치를 잡은 다음 *3이나 3x를 입력하면 나머지 다리가 90° 간격으로 만들어진다(D, E).

## 복사본의 방향 맞추기

실제 공방에서는 판재들의 순서와 방향을 맞추기 위해 목수 삼각형Cabinetmaker's Triangle이라는 것을 사용한다. 스케치업에서는 대칭 이동Flip Along 명령 세트를 이용하여 같은 기능을 할 수 있다. 차근차근 살펴보자.

* 목조 주택의 벽체를 구성하는 기둥. 보통 16인치 간격을 띄운다.

테이블의 다리 하나를 방금 그렸다고 해보자. 이제 이것을 복사하여 나머지 다리를 만들 수 있다. 복사할 다리의 위치를 잡기 위해 초록 축과 평행하며 빨강 축과 만나는 안내선을 그리자. 그리고 원래 다리를 복사하여 안내선과 빨강 축의 교점까지 끌고 오자. 클릭하면 그 자리에 놓인다.

방금 복사된 다리에 오른쪽 클릭을 한 후 대칭 이동 기준>구성 요소의 빨강 메뉴를 선택하자. 그러면 두 다리가 서로 마주보게 방향이 설정된다. 만일 상하좌우 대칭인 다리 모양이라면 차이를 느끼지 못할 것이다. 하지만 한쪽 변에 장부 구멍이 있거나, 다리의 두 면이 경사져 있다면 얘기가 달라진다(F, G).

테이블 다리 모델링을 완성하려면, 남은 두 다리를 놓을 안내선을 그려야 한다. 만들어진 두 개의 다리 구성 요소를 선택한 다음, 이동 도구로 초록 축을 따라 안내선 위치까지 복사하면 된다. 이번에 복사한 두 다리는 오른쪽 클릭 후 대칭 이동 기준>녹색 방향 메뉴를 선택하면, 원래 다리와 마주보는 모양으로 정렬된다.

구성 요소를 복사하면 항상 대칭 이동을 하는 습관을 들이자. 매번 필요한 것은 아니지만, 습관을 들이면 빠뜨리지 않아 좋다.

복사하고 대칭 이동하는 것은 결구 부위를 모델링할 때도 유용하다. 판재의 양 끝에 장부를 그리는 것이 대표적인 예이다. 폭 100mm, 길이 200mm, 두께 19mm인 판재 구성 요소를 하나 만들자. 구성 요소를 더블클릭해서 편집 모드로 들어간다. 판재를 돌려 마구리면이 보이도록 한다. 오프셋 도구를 선택한 다음 마구리면의 모서리 하나를 클릭한다. 커서를 마구리면의 중앙 쪽으로 움직여 클릭한 다음 6을 입력한다. 이제 밀기/끌기 도구를 선택하

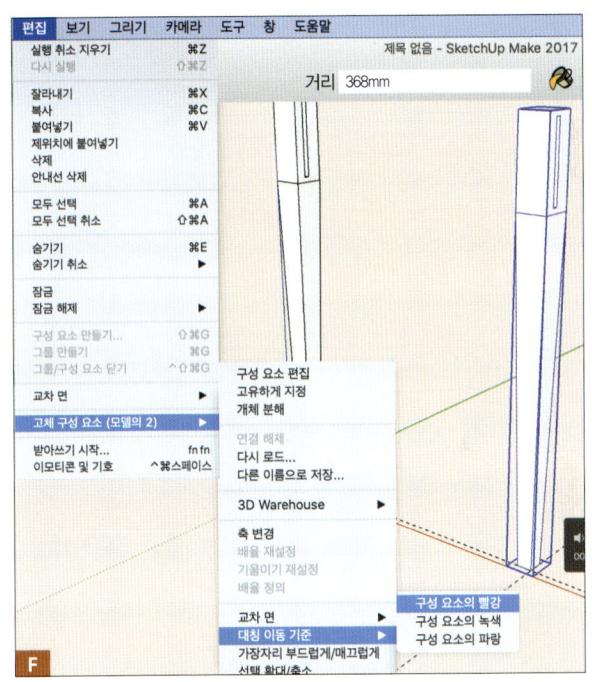

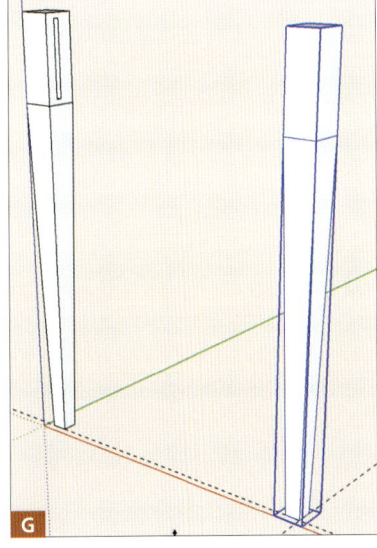

복사를 하다 보면 방향을 맞추어야 할 필요가 생긴다(스케치업 용어로 대칭 이동). 위 그림처럼 복사된 다리는 제 위치에 있긴 하지만 장부 구멍의 위치는 잘못되었다. 대칭 이동 명령을 내리면 구성 요소를 뒤집어 장부 구멍이 서로 마주 보게 된다.

# 4 규칙 2: 한 번 그렸으면, 되도록 많이 써라

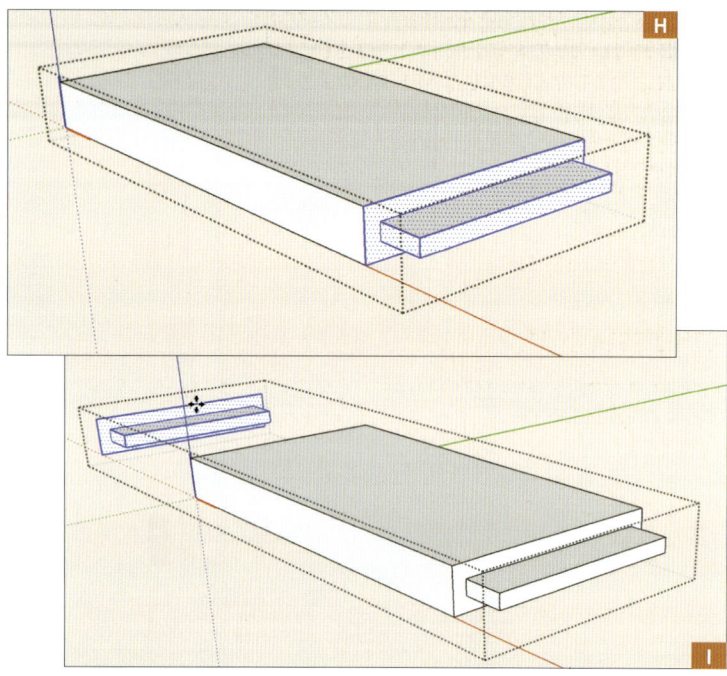

자. 방금 만든 작은 직사각형 면을 클릭하여 마구리면에서 튀어나오게 한다. 이렇게 하면 장부 모양이 된다. 19를 입력하여 장부의 길이를 정한다. 결과적으로 6mm 장부 어깨를 가진 19mm 장부를 만든 셈이다.

이제 판재의 양 끝이 다 보이도록 화면을 축소하자. **선택** 도구로 방금 그린 장부가 있는 마구리면을 포함하도록 왼쪽에서 오른쪽 방향으로 드래그하자. 그러면 그 영역에 있는 선과 면이 선택된다. 이 경우는 판재의 장부와 어깨 면이 선택될 것이다(H).

이제 이동 도구로 전환하자. 선택된 장부의 모서리를 클릭한 다음 Ctrl키(맥은 Option키)를 눌러 복사 모드로 바꾸자. 이제 복사된 장부 부위를 반대편 쪽으로 옮기도록 하자(I).

아직 복사된 장부 부위가 선택된 상태일 것이다. 여기서 오른쪽 버튼을 눌러 메뉴를 띄운 다음, 대칭 이동 명령을 실행하자. 이제 장부의 방향이 원하는 대로 바뀔 것이다. 다시 이동 도구로 장부 어깨의 꼭짓점을 잡아 이동하여 판재의 마구리면에 맞추자. 클릭하면 이제 반대편에도 같은 모양의 장부가 만들어진다(J).

## 구성 요소 내부에서 복사하기

구성 요소 내부에서 복사하는 가장 대표적인 예는 책장 옆면에 일정한 간격으로 선반 핀이 들어갈 구멍을 그리는 것이다. 어떻게 하는지 알아보자.

책장 옆면을 먼저 그리고 구성 요소로 만든다. 그리고 더블클릭하여 편집 모드로 들어간다. 먼저 2열의 구멍 중심을 지날 세로 안내선을 2개 그린다. 그리고 구멍의 중심을 지나는 가로 안내선을 그린 다음, 복사할 구멍이 놓일 두 번째 가로 안내선도 그린다.

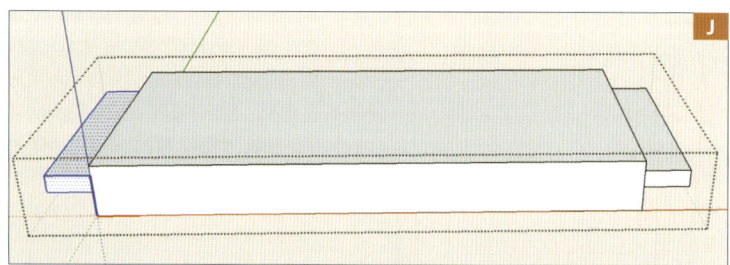

**대칭 이동** 명령을 사용하면 결구 부위를 쉽고 정확하게 복사할 수 있다. 예를 들어, **선택** 도구로 장부를 감싸도록 왼쪽에서 오른쪽으로 드래그하여 선택해보자(위). **이동** 도구로 장부를 복사하여 판재의 반대편으로 가져다 놓자(가운데). 이제 대칭 이동 명령을 실행하여 복사된 장부의 방향을 제대로 맞춘다. 마지막으로 **이동** 도구로 새로 만든 장부의 끝을 잡아 판재의 마구리면에 붙이면 끝난다(아래).

이제 안내선이 잘 보이도록 확대해보자. 안내선이 만나는 두 교점을 중심으로 반지름 3mm의 원을 그린다. 선택 도구로 왼쪽에서 오른쪽 방향으로 원을 포함하도록 드래그하여 선택한다. 이동 도구를 선택하여 세로 안내선과 만나는 원의 점을 클릭하고 Ctrl키를 눌러 복사 모드로 바꾼다. 이제 커서를 옆에 있는 세로 안내선으로 수평하게 움직여 위치를 잡고, 클릭하여 두 번째 원을 만든다(K).

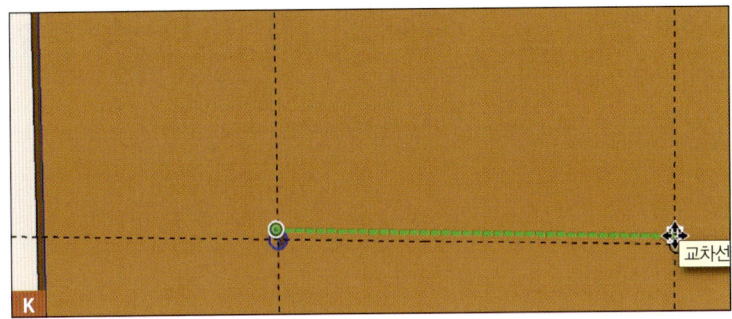

화면을 약간 축소하여 두 원이 모두 보이게 한다. 그리고 왼쪽에서 오른쪽으로 드래그하여 두 원을 모두 선택한다. 다시 이동 도구를 사용하여 원과 수평 안내선이 만나는 점을 클릭한다. 두 원을 복사하여 아래에 있는 수평 안내선으로 복사한다. 클릭하여 복사한 원의 위치를 잡았으면 *와 복사하려는 숫자를 입력하여 같은 간격으로 여러 개의 원을 만든다(L, M).

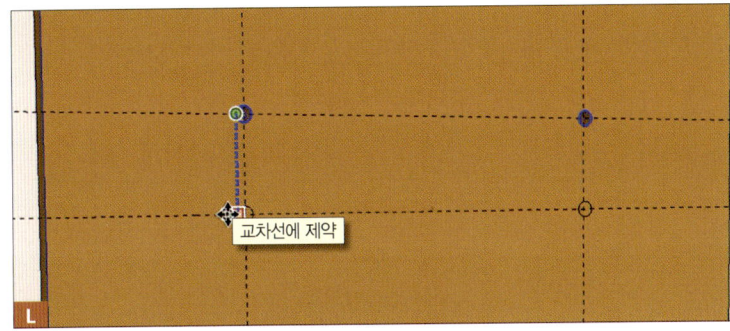

마지막으로 원 하나의 면을 선택해 밀기/끌기 도구로 19mm 밀어 책장 옆판에 구멍을 만든다. 나머지 원도 밀기/끌기 도구 커서를 올려두고 더블클릭하면 같은 깊이로 구멍이 만들어진다.

## 배운 것 정리

이 장에서는 이동과 회전 도구를 이용하여 구성 요소를 일직선 또는 원 경로상에 일정한 간격으로 여러 개 복사하는 방법을 배웠다. 그리고 대칭 이동 명령으로 복사된 구성 요소의 방향을 맞추어도 보았고, 구성 요소 내에서 개체를 복사하고 이동하는 것도 배웠다.

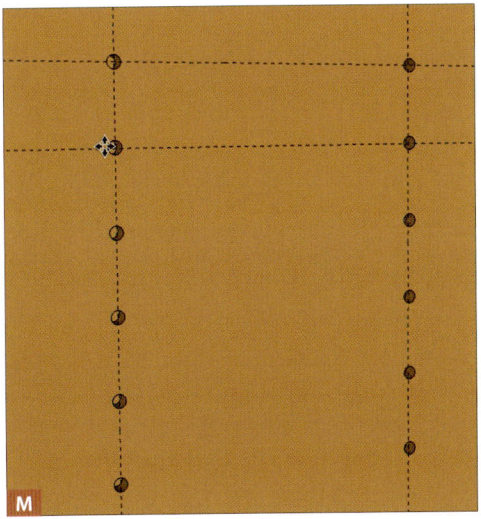

하나의 선반 핀 구멍을 복사하여 완벽한 구멍의 배열을 만들었다. 구멍을 따로 따로 그리는 것보다 복사와 이동으로 한꺼번에 그리면 훨씬 더 빠르고 정확하게 작업할 수 있다.

# CHAPTER 5

# 규칙 3: 측정과 이동을 최소화하라
전체적인 크기를 먼저 정하고, 그 안에서 작업하라.

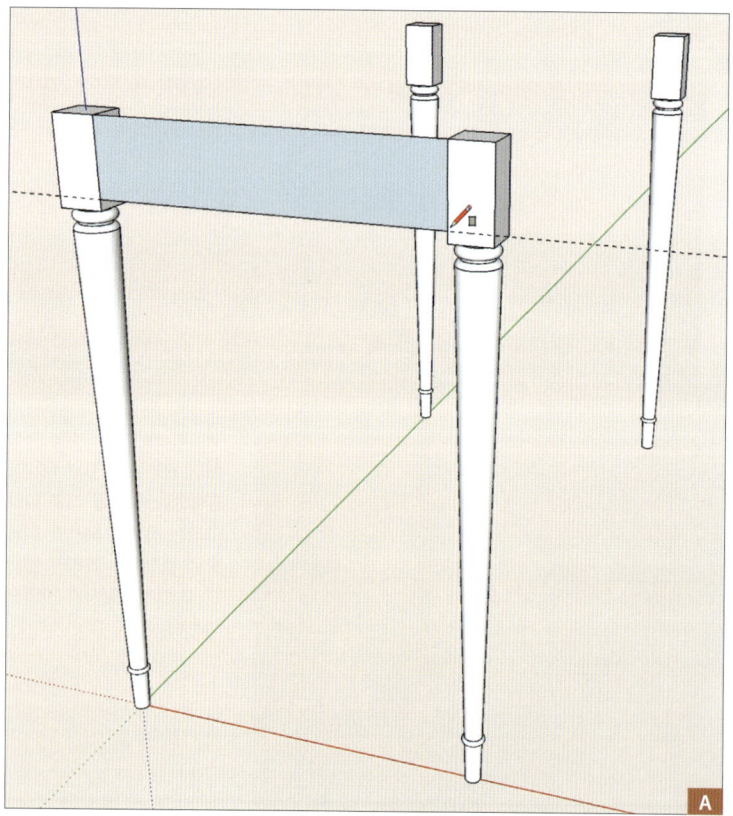

기준이 되는 개체들을 제자리에 배치한 다음 여기에 맞게 필요한 개체를 그리면, 시간도 절약하고 실수도 줄일 수 있다. 위 테이블의 다리는 정확한 위치에 배치되어 있다. 그렇다면 두 다리를 잇는 가로대의 길이는 미리 알 필요가 없다. 두 다리 사이에 딱 맞게 그리기만 하면 치수는 자동으로 정해진다.

스케치업을 정복하기 위한 세 번째 규칙은 '크기를 알 필요 없는 것은 크기를 계산하려고 시간을 허비하지 말고, 이동할 필요가 없는 것은 이동하려고 애쓰지 말라'는 것이다. 달리 말하자면, 기준이 되는 구성 요소를 그리고 이것을 놓아야 할 위치에 정확하게 놓았다면, 나머지 부속들은 그냥 놓여야 할 곳에 그리기만 하면 치수는 알아서 정해진다는 것이다.

### 제 위치에 그리기

당신이 테이블을 모델링하고 있다고 하자. 다리를 먼저 그린 다음, 다리가 놓일 네 점에 배치하여 두었다. 이제 두 다리를 이을 가로대를 그릴 차례이다. 가로대의 치수를 계산한 다음 떨어진 곳에 따로 그리고, 그것을 이동하여 다리 사이에 끼워 넣어도 된다. 하지만 이동 도구로 가로대를 다리 사이에 끼워 넣는 것이 말처럼 쉽지 않다. 더 쉬운 방법이 있다. 선 또는 직사각형 도구로 다리 사이에 가로대를 바로 그리는 것이다. 시작은 가로대의 너비를 나타내는 안내선을 그리는 것이다(A).

직사각형 도구를 선택하고, 커서를 다리의 가장 위 꼭짓점에 대고 클릭한다. 그리고 커서를 반대편 다리와 안내선이 만나는 지점까지 드래그한다. 다시 클릭하면 직사각형이 그려진다. 이제 밀기/끌기 도구로 가로대에 두께를 주면 된다.

만일 선 도구를 사용한다면, 아까처럼 다리의 위 꼭짓점을 클릭하고, 반대편 다리의 위 꼭짓점을 클릭하여 이 둘을 연결하는 선을 그린다. 그리고 다리와 안내선이 만나는 지점까지 두 번째 선을 그린다. 그리고 다시 수평으로 원래 다리와 안내선이 만나는 지점까지 선을 그린다. 마지막으로 처음 시작했던 지점을 클릭하면 경로가 완성되며, 직사각형이 생긴다. 이제 밀기/끌기 도구를 이용하여 가로대에 두께를 줄 수 있다.

부속을 그릴 때는 다른 개체를 기준으로 그리는 습관을 들이자. 두 개체가 접하는 경우뿐 아니라, 겹치는 경우도 마찬가지이다. 오른쪽에서 볼 수 있는 클래식한 셰이커 바느질 스탠드Shaker Sawing Stand의 경우를 보자. 이 스탠드는 둥근 기둥 위에 장부로 연결된 U자 모양의 받침대Yoke를 가지고 있다. 이 받침대는 기둥을 연결하고 서랍을 매다는 역할을 한다. 받침대의 수평 막대 부분(그림에서 빨간 원 안)은 기둥의 둥근 장부에 연결되므로, 이 둥근 장부를 기준으로 그림을 그리면 완벽하다(B). 내가 했던 방법을 정리해본다.

먼저, 원점을 중심으로 둥근 기둥의 밑면을 그렸다. 그러면 파랑 축이 기둥의 중심을 관통하게 된다. 줄자 도구를 선택하고, 초록이나 빨강 축을 클릭하자. 그리고 위 화살표 키를 눌러 파랑 축 방향으로 올려 기둥의 둥근 장부 위에 맞춘다. 그리고 회전 도구로 이 안내선을 수평으로 90° 돌린다. 그러면 둥근 장부 중심을 지나는 두 안내선이 생겼다(C).

이제 이 두 안내선을 기준으로 받침대 가로 막대를 그릴 수 있다. 두 안내선을 기준으로 막대의 너비와 길이의 반에 해당하는 위치에 안내선 4개를 그리자(정확하게는 54mm와 120mm). 이제 선 도구로 가로 막대 전체에 해당하는 네 꼭짓점을 연결

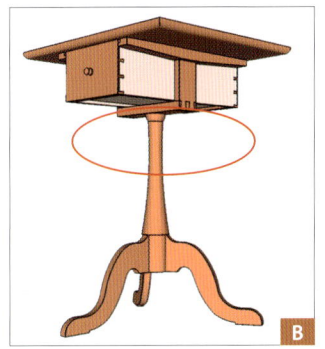
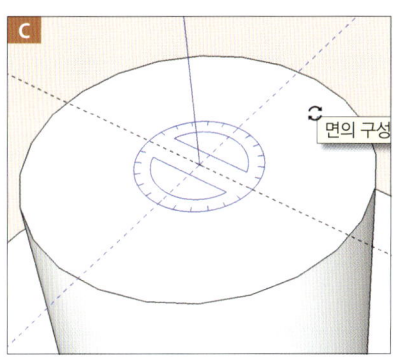

둥근 기둥 위에 놓을 가로 받침대(붉은 원 안)를 만들려면, 먼저 둥근 장부 중심을 가로지르는 2개의 안내선을 그려야 한다. 이 두 안내선을 기준으로 가로 받침대의 외곽이 될 안내선들을 그린다. 중심에서 받침대 너비와 길이의 반씩 떨어진 곳에 그리면 된다(아래).

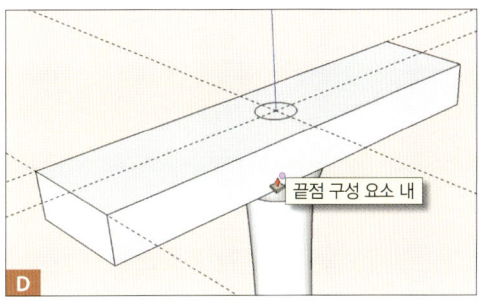

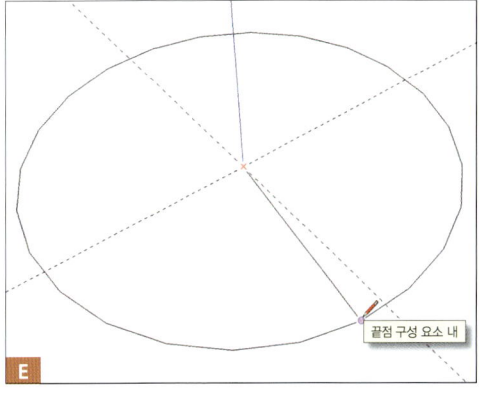

안내선을 따라 **선** 도구로 선을 그려 받침대의 윗면을 만든다. 그리고 **밀기/끌기** 도구로 두께를 만들어준다. 마지막으로 받침대 윗면에 기둥의 장부 외곽의 위치와 맞는 원을 그리고, **밀기/끌기** 도구로 밀어서 구멍을 뚫어준다.

# 5 규칙 3: 측정과 이동을 최소화하라

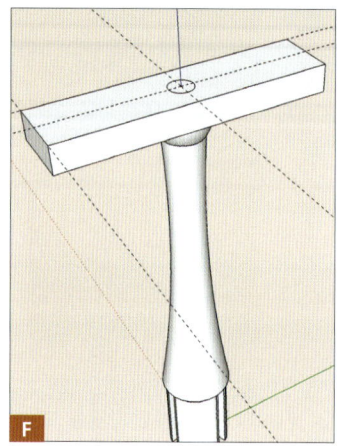

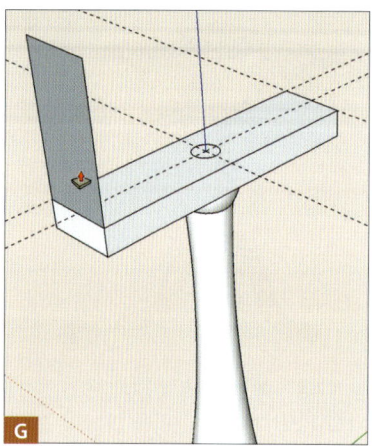

받침대의 가로 막대가 완성되었다(위).

받침대의 세로 막대를 가로 막대에 기대어 그린다. 이렇게 하면 가로 막대와 같은 너비로 쉽게 그릴 수 있다(위 오른쪽).

가로 막대와 겹치게 세로 막대를 그렸다. 이렇게 하면 나중에 주먹장을 그릴 때 편리하다(오른쪽).

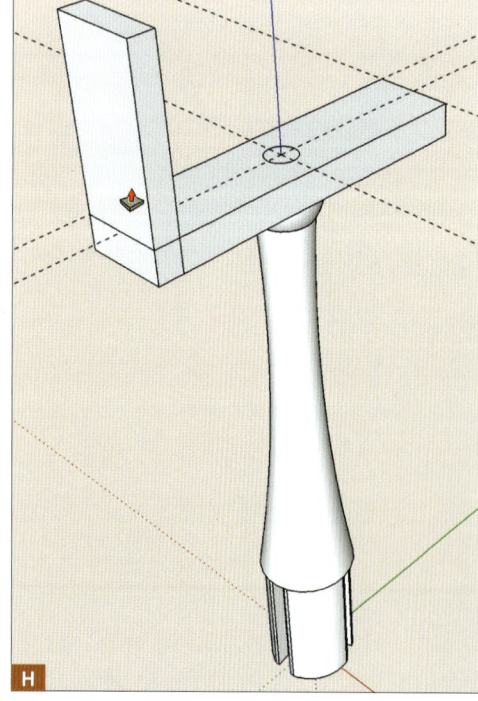

하는 직사각형을 그린다(D). 그리고 밀기/끌기 도구로 직사각형의 면을 밀어서 원형 장부의 아래까지 닿게 두께를 준다. 이제 이 가로 막대를 구성 요소로 만든다.

이제 기둥의 장부가 관통할 장부 구멍을 만들어 줄 차례다. 가로 막대를 더블클릭하여 구성 요소 편집 모드로 들어간다. 이제 원 도구를 선택하여 두 안내선이 교차하는 장부의 중심을 클릭한다. 그리고 장부의 크기와 같도록 원을 드래그하여 맞춘다(E). 마지막으로 밀기/끌기 도구로 원을 밀어 가로 막대에 구멍을 낸다(F).

이제 받침대의 세로 막대를 그릴 차례이다. 이를 위해 가로 막대와 같은 너비의 직사각형을 세로로 그린다. 선 도구로 먼저 가로 막대의 아래쪽 꼭짓점 하나에서 시작해 반대편 아래 꼭짓점을 연결하자. 이어서 수직으로 원하는 길이의 선을 그린 다음, 수평으로 반대편까지 그리고 처음 꼭짓점으로 선을 연결하면 직사각형이 만들어진다. 이제 밀기/끌기 도구로 두께를 준 다음 구성 요소로 만들면 된다(G, H).

## 측정하지 않고 그리기

책장을 모델링한다고 하자. 책장 옆판 구성 요소는 홈이 있어 선반을 끼울 수 있다. 그리고 책장 옆판은 제 위치에 놓여 있다고 하자. 계산을 전혀 하지 않고도 여기에 선반을 추가할 방법이 두 가지나 있다.

첫 번째 방법은 선이나 직사각형 도구로 양쪽의 홈을 연결하는 직사각형을 그리는 것이다. 50쪽에 소개한 테이블 다리 사이에 가로대를 그리는 방법과 비슷하다.

직사각형을 그렸으면, 밀기/끌기 도구로 직사각형을 책장 옆판의 너비만큼 밀어서 선반을 만들 수

규칙 3: 측정과 이동을 최소화하라 | **5**

있다. 선반의 너비를 옆판과 같게 만들려면, 밀기/끌기 도구 커서를 옆판의 뒤 모서리에 대면 된다. 이것은 측정하지 않고도 정확한 치수로 그릴 수 있는 매우 요긴한 방법으로 추론Inference이라고 한다. 일반적으로 밀기/끌기 도구로 두께를 만들 때는 기준이 되는 모서리 위에 커서를 대면 된다(**I, J**).

일단 하나의 선반을 구성 요소를 만들었으면, 이동 도구로 복사해서 다른 홈에 끼우는 것은 쉽게 할 수 있다.

두 번째 방법은 홈의 바닥 윤곽을 선반을 만드는 데 사용하는 것이다. 옆판을 더블클릭해 구성 요소 편집 모드로 들어가자. 선택 도구로 옆판의 홈 바닥에 커서를 대고 더블클릭을 하자. 그러면 홈 바닥에 해당하는 직사각형의 선과 면이 선택된다. 이 상태에서 편집>복사 메뉴 또는 Ctrl+C키(맥은 Command+C키)를 눌러 클립보드에 복사한다 (**K**). 이제 구성 요소 편집 모드에서 나오자.

편집>특정 위치에 붙여넣기 메뉴를 실행하자. 그러면 클립보드에 복사된 도형이 그 위치에 나타난다. 하지만 나타난 도형은 더 이상 옆판 구성 요소의 일부분이 아니다. 이제 밀기/끌기 도구로 홈 바닥을 반대편 홈 바닥까지 연장하면 입체 선반이 만들어진다(**L**).

만들어진 선반에 대고 트리플 클릭을 한 다음 구성 요소로 만든다. 이제 선반 구성 요소를 다른 홈에 맞추어 복사하면 된다.

'필요해서 만들었으면 그것을 최대한 써먹어라'는 원칙은 결구를 그리는 데에도 적용된다. 앞서의 책장 예로 돌아가보자. 책장 옆판에 있는 여러 개의 홈을 각각 만들지 말고, 하나만 만들어서 필요한 만큼 복사할 수도 있다. 책장 옆판을 만들고 구성 요소로 만들자. 그리고 구성 요소 편집 모드로

측정 없이 모델에 요소를 추가하는 첫 번째 방법: 선반의 앞면에 해당하는 직사각형을 먼저 그린다(왼쪽 끝). **밀기/끌기** 도구로 선반의 너비를 만든다(왼쪽). 커서를 옆판 뒤 모서리에 대면 옆판의 너비와 같은 너비로 선반이 만들어진다.

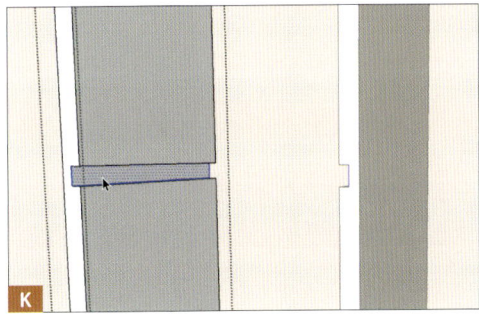

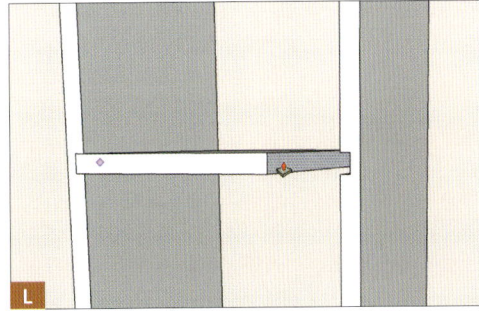

측정 없이 모델에 요소를 추가하는 두 번째 방법: 홈의 바닥 요소를 복사한다(왼쪽). 구성 요소 편집 모드에서 나온 후 복사한 홈 바닥을 **특정 위치에 붙여넣기** 한다. 밀기/끌기 도구로 당겨 선반 옆면이 반대편 홈에 닿도록 늘린다. 만들어진 선반을 구성 요소로 만든다(왼쪽 아래).

# 5 규칙 3: 측정과 이동을 최소화하라

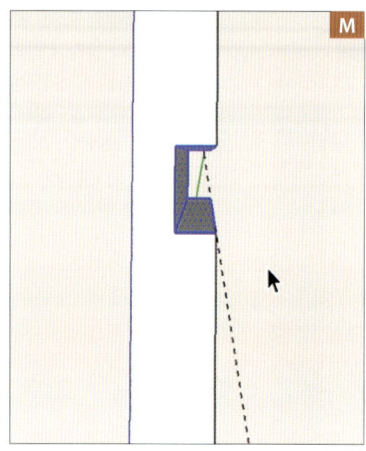
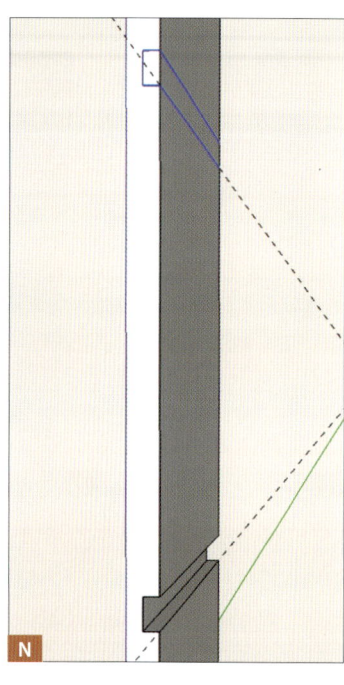

선반 홈을 일일이 그리는 것보다는 하나만 그리고 복사하는 것이 낫다. 홈의 윤곽선을 선택한 다음(위) 다음 선반의 위치로 복사하면 된다.

들어가자. 안내선을 배치한 다음, 선과 밀기/끌기 도구로 옆판에 홈을 하나 만들자(M).

궤도 도구로 시점을 움직여 옆판의 홈 부분이 잘 보이도록 하자. 그리고 선택 도구로 시프트키를 누른 상태에서 홈의 긴 선 2개와 홈의 깊이를 나타내는 U자 모양의 짧은 선 3개를 차례로 클릭하여 선택하자. 이것은 홈의 위치와 깊이를 나타내는 윤곽선들이다. 이제 이동 도구로 바꾸어 홈의 윤곽선을 다음 선반 위치로 복사하자(N). 그러면 48쪽에서 배운 방법으로 여러 개의 홈 윤곽을 같은 간격으로 배치할 수 있다. 밀기/끌기 도구로 한 홈만 옆면의 바닥선까지 밀면, 나머지 홈은 밀기/끌기 도구로 더블클릭하기만 하면 직전 깊이만큼 파낸다.

## 하나의 핀으로 전체 주먹장 그리기

공방에서 실제로 반 숨은 주먹장을 가공하려면, 측정, 표시, 톱질, 타격 끌질, 밀끌질을 수없이 반복해야 한다. 물론 그 결과는 충분히 아름다워서 노력이 아깝지는 않다. 하지만 스케치업에서 반 숨은 주먹장을 그리는 것은 너무도 쉽다. 사실 해야 할 것은 핀 하나를 그리는 것뿐이다.

이 핀 하나를 이동하고 복사하는 것만으로도 전체 주먹장의 모양을 그릴 수 있기 때문이다. 서랍에서 많이 사용되는 반 숨은 주먹장을 어떻게 그리는지 살펴보자.

먼저 판재 두 개를 만들자. 한 판재에는 주먹장 핀이, 다른 판재에는 소켓이 그려질 것이다. 이 두 판재는 각자 구성 요소여야 하고, 직각으로 겹쳐져 있으면서 옆판은 앞판에서 약간 뒤로 들어가 있어야 한다.

서랍 옆판을 더블클릭하여 편집 모드로 들어간다. 옆판의 아래 모서리를 핀의 중심으로 삼아, 아

### 3D 창고

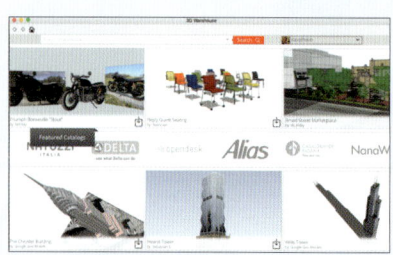

스케치업은 전 세계 사람들이 만들어 공유한 수천 개의 모델을 온라인 데이터베이스로 제공한다. 대부분의 모델들은 무료로 다운로드하여 사용할 수 있다. 이것을 잘 활용하면 매우 편리하고, 시간을 절약할 수 있다. 예를 들어 당신이 부엌을 모델링한다고 하자. 3D 창고로 가서(**파일>3D Warehouse>모델 가져오기**) 잘 그려진 부엌 가전 모델을 내 작업공간에 불러올 수 있다. 또는 목공을 할 때 필요한 경첩이나 다른 철물을 가져와 사용할 수 있다. 이것들을 처음부터 그리는 것에 비하면 엄청난 이점이다.

규칙 3: 측정과 이동을 최소화하라 | 5

래위로 3mm씩 떨어진 2개의 안내선을 줄자 도구로 그린다. 각도기 도구를 선택한 다음 안내선과 옆판 앞 모서리와 만나는 점을 클릭하여 각도의 중심으로 삼는다. 그리고 회전할 안내선을 클릭한 뒤, 커서를 움직여 핀의 각도를 그린다. 12를 입력하면 12°로 정확하게 그릴 수 있다(O).

이제 선 도구를 선택하여 안내선으로 그려진 모양을 따라 핀의 윤곽을 그린다. 그리고 선택 도구로 방금 그린 핀 모양을 왼쪽에서 오른쪽으로 드래그하여 선택한다. 이어서 시프트키를 누른 상태에서 선택된 도형 중 면 2개를 클릭하여 선택에서 해제한다. 즉, 윤곽선만 선택해야 한다. 이제 이동 도구로 바꾼 후 핀의 중앙선과 모서리가 만나는 점을 잡고 복사하여 옆판의 위쪽 대칭되는 지점에 놓는다. 복사된 핀의 중앙선이 위 모서리와 만나면 된다. 여기서 바로 '/숫자'를 입력한다. 여기서 숫자는 복사하고자 하는 핀의 숫자인데, '/'를 쓸 경우, 원본과 복사한 위치 사이에 일정한 간격으로 배치한다(P).

이제 불필요한 선들을 지운다. 아래위로 튀어나온 윤곽과 핀의 중앙선을 선택하고 삭제한다.

밀기/끌기 도구로 핀 사이 영역을 밀어 제거한다. 첫 번째 면을 판재의 두께만큼 밀어 제거했다면, 다음 면은 그냥 커서를 대고 더블클릭만 하면 된다. 그러면 앞에서 작업한 두께만큼 밀어낸다. 이렇게 하면 서랍 옆판의 테일 모양이 완성된다(Q).

선택 도구로 방금 그린 테일 모양 전체를 왼쪽에서 오른쪽으로 드래그하여 선택한다. 이렇게 하면 지그재그 모양의 테일 부분이 선택될 것이다. 이 상태에서 편집>복사 메뉴나 Ctrl+C키(맥은 Command+C)를 누르자(R).

이제 서랍 옆판의 바깥을 클릭하여 구성 요소 편집 모드에서 빠져나온다. 그리고 서랍 옆판을 선택

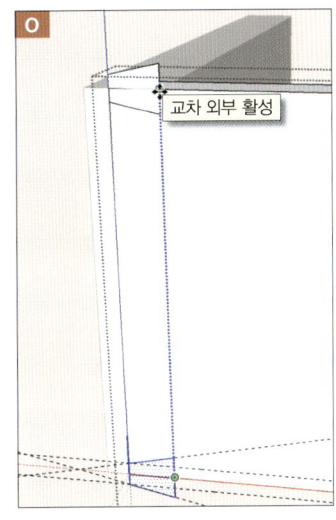
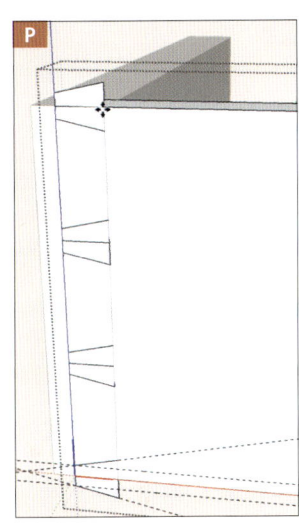
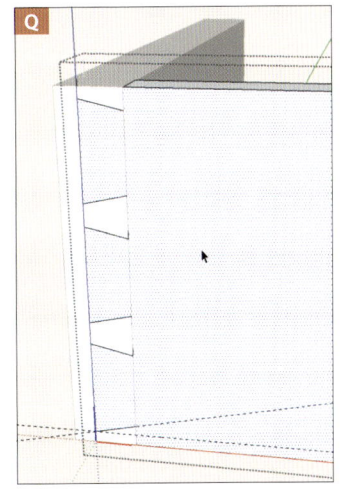
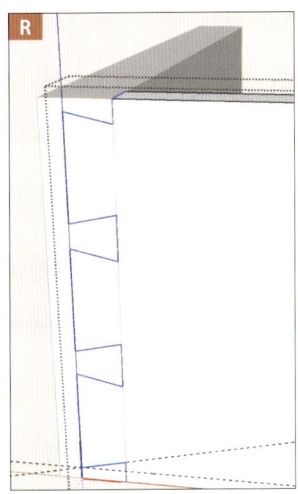

반 숨은 주먹장을 그리기 위해서는 먼저 핀 하나를 그려야 한다. 이 핀은 옆판 아래선을 중심으로 삼는다. 이 핀 모양을 복사하여 옆판의 제일 위로 복사한다(위 왼쪽). 이어서 필요한 만큼의 복사본을 일정 간격으로 만든다(위 오른쪽). 주먹장의 파넬 부분을 없애준다(아래 왼쪽). 소켓을 만들려면 핀 모양을 복사하면 된다(아래 오른쪽).

핵심만 추린 목공 스케치업 55

# 5 규칙 3: 측정과 이동을 최소화하라

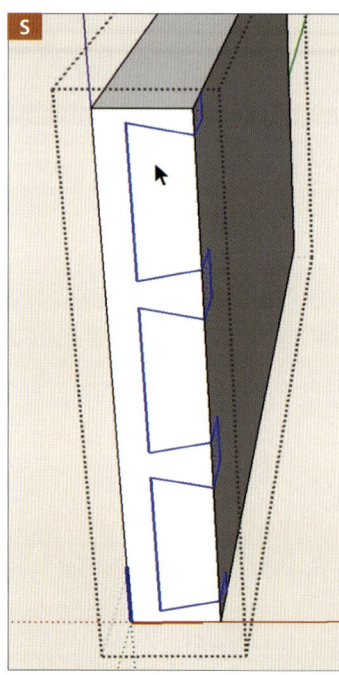 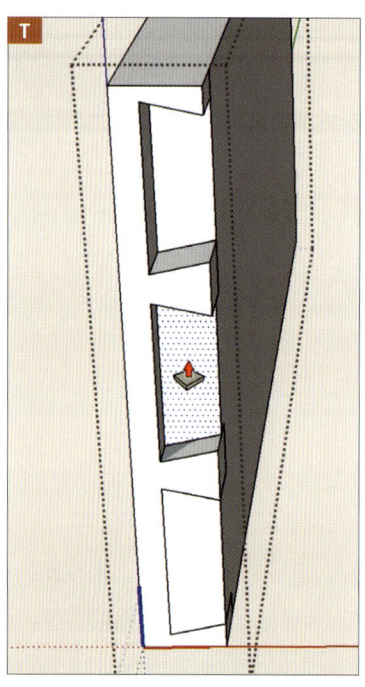

특정 위치에 붙여넣기 명령으로 핀 모양을 앞판에 복사해 넣는다(왼쪽). 필요 없는 부분을 밀어 넣어 소켓을 만든다(오른쪽).

## 왼쪽, 오른쪽, 왼쪽

어떤 영역의 도형들을 선택할 때는 선택 도구로 드래그하여 영역을 지정하는 것이 편리하다. 하지만 어떤 방향으로 사각형을 그리느냐에 따라 의미가 다르다. 만일 왼쪽에서 오른쪽으로 드래그한다면, 그 사각형 안에 포함되는 도형들만 선택이 된다. 반대로 오른쪽에서 왼쪽으로 드래그한다면 사각형 안에 포함되는 도형들뿐 아니라, 사각형에 닿은 도형들도 함께 선택된다. 잘 모르겠다면 왼쪽에서 오른쪽으로 드래그하는 습관을 들이자. 적어도 이렇게 하면 의도하지 않은 도형이 선택될 일은 피할 수 있다.

한 후 숨긴다(편집>숨기기 메뉴).

그리고 선택 도구로 서랍 앞판을 더블클릭하여 편집 모드로 들어간다. 그리고 편집>특정 위치에 붙여넣기 메뉴를 실행한다. 그러면 지그재그 모양이 이 판재에 나타날 것이다. 이제 밀기/끌기 도구로 필요 없는 부분을 밀어 넣어 주먹장 소켓을 만들면 된다(S, T).

주먹장 소켓의 면을 잘 살펴보자. 어떤 경우는 앞면으로 표현될 부분이 뒷면(어두운색)으로 보일 수도 있다. 이 경우엔 그 면을 선택하고 오른쪽 버튼을 눌러 면 반전Reverse Faces 메뉴를 실행하면 된다. 마지막으로 남아 있는 필요 없는 선들을 정리하면 끝이다. 방금 여러분은 핀 하나로 주먹장의 전체 핀과 소켓이 만들어지는 마법을 보았다.

## 판재 늘이기 기법

가구를 모델링하다 보면 비슷한 모양의 구성 요소를 만들 때가 많다. 대표적인 예가 앞에서도 보았고 다음 쪽에서도 볼 수 있는 장롱의 테두리 – 알판 문짝이다. 기억을 되돌려 보면 2개의 세로 테두리는 모양이 서로 같다. 차이점이 있다면 하나는 경첩 홈이 파져 있고, 다른 하나는 손잡이 구멍이 있다는 것이다. 아래 테두리 역시 위 테두리의 약간 수정된 버전이다(U).

테두리 구성 요소를 만들고 복사한 다음 오른쪽 버튼을 눌러 고유하게 지정을 선택하자. 40쪽에서 설명한 것처럼 고유하게 지정하면 원본과 복사본 간의 관계가 끊어진다.

문짝 테두리는 '필요한 것을 만들었으면 최대한 써먹어라'는 원칙의 전형적인 예이다. 여기서는 '판재 늘이기' 기법을 사용할 수 있다.

하나의 테두리를 만들고, 복사하여 제 위치에 놓는

다. 복사한 것을 앞에 언급한 방법으로 고유하게 지정한다. 이제 복사본을 더블클릭하여 편집한다(V).

이 예에서 아래 테두리는 위 테두리 너비의 2배이다. 배율 도구로 테두리를 확대해도 되지만, 원하지 않는 부분도 확대될 가능성이 있다. 예를 들어 알판이 끼워질 홈의 깊이도 2배로 깊어질 것이다. 또한 장부 어깨의 길이도 2배가 되어, 세로 테두리의 장부 구멍에 맞지 않게 될 것이다. 그래서 배율 도구 대신에 선택과 이동 도구로 구성 요소의 크기를 조정하는 것이 낫다.

아래 테두리의 위쪽 부분을 왼쪽에서 오른쪽으로 드래그하여 선택하자. 이렇게 하면 알판이 끼워질 홈과 장부의 윗부분이 선택될 것이다. 선택 부분을 이동 도구로 위쪽으로 이동하고, 정확한 수치를 넣으면 끝이다. 현실에서는 할 수 없지만 스케치업에서는 판재를 늘릴 수 있다(W).

이 기법을 이용하여 구성 요소를 짧게 또는 좁게 만들 수도 있다. 옷장이나 다리가 긴 서랍장을 생각해보자. 여기에는 높이와 깊이가 같은 서랍이 여러 개 있을 텐데 폭은 다 같지 않다. 이럴 경우 먼저 하나의 완벽한 서랍을 만들자. 그리고 이 서랍을 복사해서 다른 서랍자리로 옮기자. 서랍의 폭을 줄이는 데는 옆판을 손댈 필요는 없다. 앞판, 뒤판, 바닥판만 늘이거나 줄이면 된다. 물론 크기를 변경하기 전에 이 구성 요소들을 고유하게 지정해야 한다.

## 배운 것 정리

이 장에서는 구성 요소를 제 위치에 그려, 측정을 최소화하거나 아예 하지 않는 방법에 대해 배웠다. 또한 구성 요소의 일부분만 복사하여 결구 부위를 그리는 법도 배웠고, 구성 요소를 고유하게 지정하여 이동 도구로 판재를 늘리는 방법도 배웠다.

이 문짝은 5개의 부속이 있지만 테두리를 위해서는 세로 테두리와 가로 테두리만 그리면 된다. 약간 다르다고 처음부터 다시 그릴 필요는 없다. **고유하게 지정** 명령을 사용하여 수정하면 된다(아래).

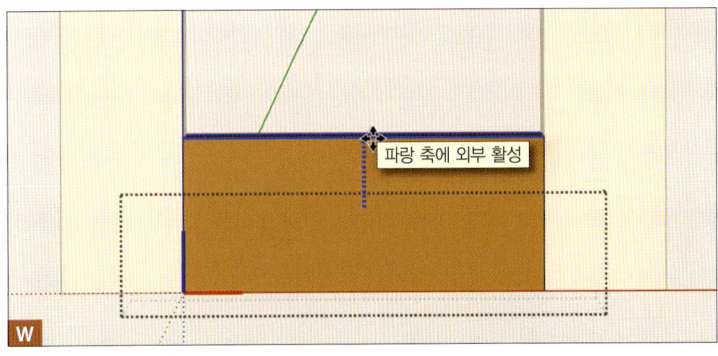

구성 요소의 크기를 변경해야 하지만, 크기가 바뀌지 않아야 하는 부분이 있는 경우는 '판재 늘이기' 기법을 사용하자. 구성 요소를 고유하게 지정한 다음, 늘릴 부위를 선택하여 **이동** 도구로 당기기만 하면 판재의 폭을 넓힐 수 있다.

# CHAPTER 6
# 규칙 4: 목공하듯이 모델링하라
모델링 과정은 실제 가구 제작 과정과 같아야 한다.

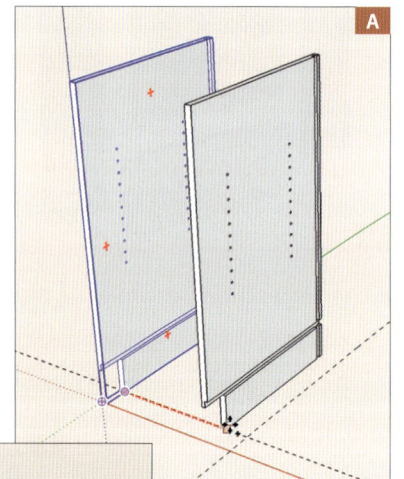

부엌 수납장을 스케치업으로 모델링할 때는 공방에서 작업하는 순서대로 하면 좋다. 옆판을 먼저 만들어 제 위치에 놓은 다음, 복사하여 대칭 이동한다(오른쪽). 이어서 아래 판, 뒤판, 앞 프레임을 그려서 외형을 완성한다. 마지막으로 서랍, 문짝 그리고 다른 디테일을 추가한다(아래).

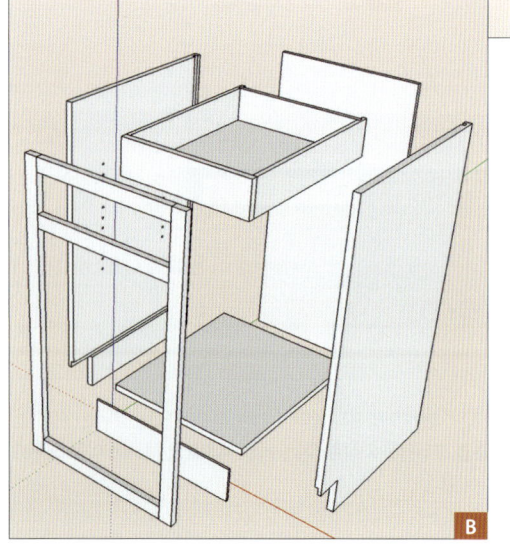

**실**제 공방에서 테이블을 만들 때 상판을 만들고 나서 하부구조를 만들지 않을 것이다. 또한 책장의 몰딩을 먼저 자르고 난 다음, 옆판, 뒤판, 선반을 만들지도 않을 것이다.

목공에서는 작품을 만드는 논리적이고 상식적인 작업 순서가 있다. 스케치업에서도 마찬가지다. 그래서 스케치업 정복을 위한 다음 규칙은 '공방에서 작업하듯이 모델링하라'이다.

예를 들어 부엌 수납장을 모델링한다고 해보자. 내가 알기로 가장 좋은 방법은 수납장의 옆판을 먼저 만드는 것이다. 왜냐하면 옆판의 크기는 거의 변경할 일이 없기 때문이다. 수납장의 폭은 선반이나 서랍의 배치에 따라 달라질 수 있다. 옆판 하나를 먼저 그리고, 턱과 다도 홈을 그린다. 이 옆판을 복사하고 서로 마주보게 대칭 이동한다(A). 이제 이 두 옆판 사이에 고정 선반, 바닥판, 뒤판 그리고 받침대를 그린다. 그리고 앞 프레임을 붙인다(B). 이제 문짝을 그려서 달고, 서랍이나 가변 선반을 추가하면 된다. 마무리로 손잡이와 필요한 철물을 달면 끝이다.

서랍장이나 낮은 장 같은 좀 더 복잡한 가구도 실제 작업하는 순서대로 모델링하면 된다. 이렇게 하면서 작품의 부속을 조립하는 과정을 미리 점검해볼 수 있다. 또한 스케치업의 X선 보기를 이용하면 내부의 보이지 않는 부분도 들여다볼 수 있어서, 장부가 구멍을 벗어나 있다든지, 목봉의 구멍이 일치하지 않는 등의 문제를 찾아낼 수 있다(C). 또한 조립의 순서도 연습해볼 수 있는데, 일종의 가조립Dry fit의 가조립이라 할 수 있다.

무엇을 만들든지 간에 모델의 한 끝을 원점에 두는 것이 편하다. 무언가 기준점이 있다는 것은 안정감을 주기도 하고, 모델들을 한 평면에 쉽게 놓을 수 있다.

### '깔끔한' 모델 만들기 연습

나의 스케치업 스승이자 친구인 데이브 리처드는 시간을 들여 크든 작든 모든 문제점을 고치는 '깔끔한' 모델링을 매우 강조한다. 문제점을 고치면 공방에서 정확한 도면을 사용할 수 있다.

깔끔한 모델링을 위한 몇 가지 지침을 소개한다.

**축 방향을 잘 설정하라.** 기본적인 축 방향은 99%의 경우 적절하다. 하지만 다른 축 방향을 써야 할 경우가 가끔씩 생긴다. 예를 들어 의자의 기울어진 가로대나 서랍 손잡이가 대표적이다. 자세한 내용은 42쪽에 소개된 구성 요소 축 조정을 보기 바란다.

**면 방향을 수정하라.** 스케치업은 가끔씩 면의 방향을 뒤집는다. 이것은 구성 요소 내의 도형을 복사해서 다른 구성 요소에 놓을 때 종종 발생한다. 또는 따라가기 도구로 원형 다리를 만들거나 크라운 몰딩을 만들 때도 발생한다(D). 이상한 방향의 면에 대고, 오른쪽 버튼을 눌러 면 반전을 선택하면 제대로 된 방향으로 바뀐다.

**빠진 면을 찾아라.** 따라가기 도구로 복잡한 모양의 입체를 만들 때 종종 작은 요철 부분의 면이 빠지

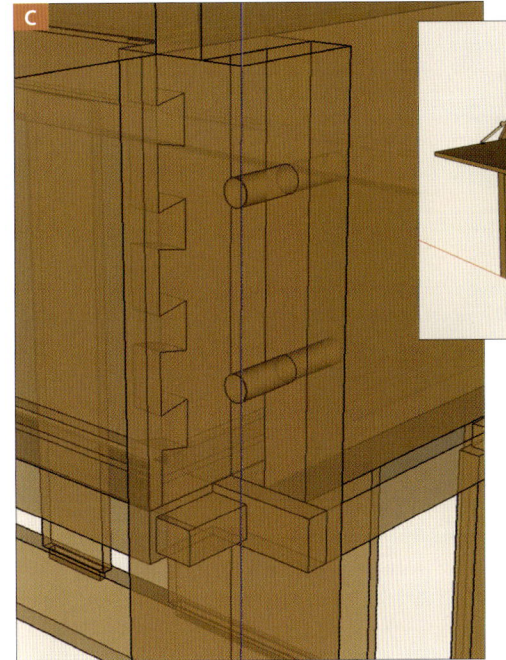

스케치업의 **X선 보기**를 사용하면(왼쪽) 미션 스타일 접이식 책상의 복잡한 결구 모양을 들여다보고 점검할 수 있다. 이를 통해 접착제를 바르고 조립하기 전에 문제를 미리 수정할 수 있다.

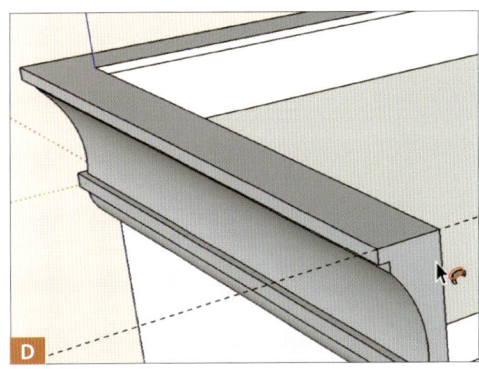

이 크라운 몰딩의 옆면은 **따라가기** 도구를 사용한 후, **면 반전**을 한 것이다. 깔끔한 모델을 만들기 위해서는 시간을 약간 들여 **면 반전**을 해주는 것이 좋다.

# 6 규칙 4: 목공하듯이 모델링하라

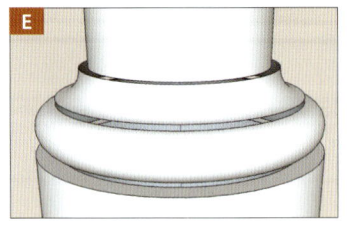

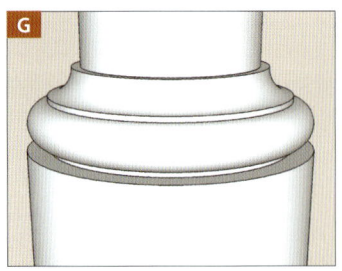

쉐이커 트레슬 테이블에 쓰일 단면을 돌려 기둥을 만들었는데, 면들이 몇 개 빠져버렸다(위 왼쪽). 수정 방법: 단면의 복사본을 크게 확대하여 끊어진 선들을 연결한 다음 단면을 돌리자. 그러면 원본도 제대로 만들어진다(오른쪽 위).

어떤 사람들은 외곽의 형태를 먼저 대충 만든 다음, 선 도구와 밀기/끌기 도구로 디테일을 추가하는 방식을 선호한다.

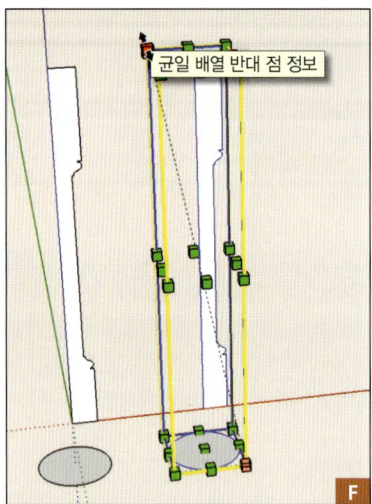

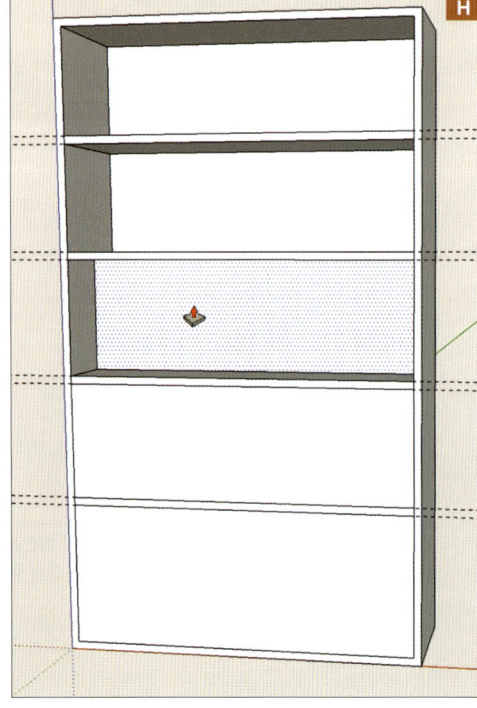

는 경우가 있다(E). 이런 경우는 확대해서 유심히 들여다보지 않으면 발견하기 어렵다. 단번에 이 문제를 해결하려면, 따라가기를 하려는 단면을 구성 요소로 만들고 복사를 한 후 복사한 단면을 배율 도구로 100배 또는 1,000배로 크게 한다. 이렇게 크게 해놓고 연결되지 않은 부분을 찾아 수리하면 작은 원본 단면도 같이 수정된다(F, G). 완료되면 뻥튀기한 단면을 지우면 된다.

**도우미를 사용하라.** 거스러미 선을 찾거나, 현미경으로 들여다봐야 보일 만한 작은 결함을 찾기 위한 2개의 유용한 플러그인이 있다. 하나는 Solid Inspector 2이고, 다른 하나는 Clean Up 3이다. 이 플러그인들은 11장에서 자세히 다룰 것이다.

## 큰 곳에서 작은 곳으로

많은 스케치업 고수들은 큰 윤곽을 먼저 그리고 난 다음, 세세한 디테일을 추가하는 방식으로 작업한다. 내가 아는 어떤 사람은 포켓홀* 구멍까지 표현하는데, 안타깝게도 다른 사람들은 그걸 알아차리지도 못한다. 보통 이런 식으로 작업한다. 먼저 전체적인 너비, 깊이, 높이를 나타내는 큰 박스를 먼저 그린다. 다음으로 선 도구로 구획을 정하고 밀기/끌기 도구로 밀어 공간을 만든다. 이를테면 테이블 다리 사이, 문짝 테두리, 책장의 선반 사이 공간 등이다(H).

전체적인 비율이 마음에 든다면 전부 선택하여 구성 요소로 만든다. 이것은 나중에 테이블 상판이나 다리 또는 선반 같은 부속을 만들 때 참조 모델로 사용된다.

* 사선으로 나사못을 박기 위한 예비 구멍. Kreg 지그가 유명하다.

규칙 4: 목공하듯이 모델링하라 | 6

주요 부속들을 만들고 제 위치에 놓고 나면, 이제 원래 대충 만들었던 참조 모델은 지워도 된다. 그리고 서랍의 주먹장, 다리와 가로대의 장부와 장부 구멍, 선반을 끼울 홈 같은 디테일을 추가한다. 주요 부속들이 제 위치에 있다면, 결구 부위를 정렬하는 것도 어렵지 않다. 마지막으로 몰딩이나 트림,* 경첩 홈, 서랍 손잡이 구멍, 문짝 손잡이 그리고 철물 같은 장식을 추가한다(I, J).

모든 모델을 이렇게 자세히 그려야 할까? 그건 아니다. 서랍 하나 있는 작은 테이블을 그린다고 해보자. 당신은 손잡이가 서랍 앞판 중앙에 있을 거라는 걸 알고 있기 때문에, 굳이 앞판 중앙에 구멍을 그릴 필요는 없다. 그리고 모든 곳에 트림을 자르고 붙일 필요는 없다. 아까 언급한 포켓홀 구멍까지 그린다는 그 친구조차 몰딩이 직각으로 꺾이는 부분을 일일이 잘라 표현하지는 않는다. 그는 디테일을 많이 추가한다고 실제 작업할 때 도움이 크게 되는 건 아니라고 말한다. 그에게 더 중요한 것은 대패나 라우터로 만들어야 할 몰딩의 길이를 산출하는 것이라고 한다.

## 논리적인 순서로 모델링하기

공방에서 작품을 만들 때 가장 먼저 하는 작업은 판재를 대패치고, 원하는 너비와 두께로 재단하는 것이다. 이 작업이 끝나면 결구를 만들고 가조립해 본다. 스케치업에서도 비슷한 순서로 작업한다. 차이가 있다면 스케치업에서는 부속 판재를 다 완성한 다음 조립하진 않는다는 점이다.

간단한 작은 테이블을 예로 들어보자. 이 테이블은 다리가 사선이고, 가로대와 다리는 장부로 결합한다.

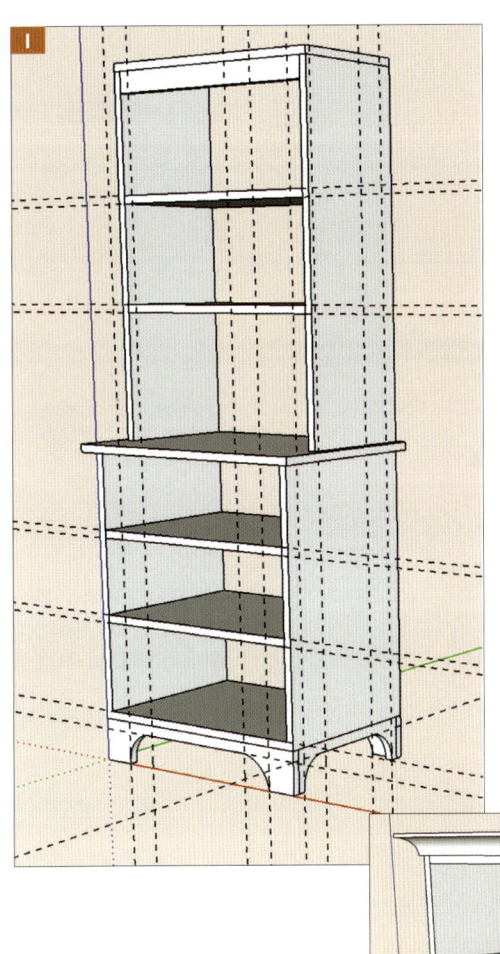

대충 만든 초안 모델은 비율을 조정하고 디테일을 추가하면서 점점 더 진화한다. 전체적인 외관이 완성되면, 모양을 구성 요소로 만든다. 결구와 몰딩은 그 다음이다.

* 가구 앞면에 두께감을 주거나 옆면을 숨기기 위해 대는 졸대.

## 6 규칙 4: 목공하듯이 모델링하라

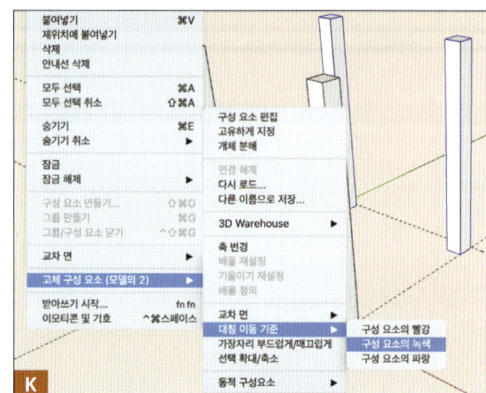

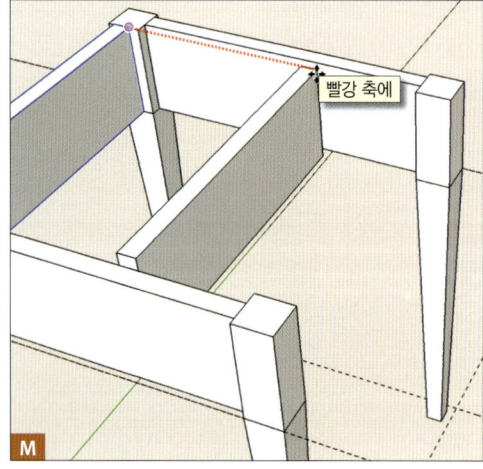

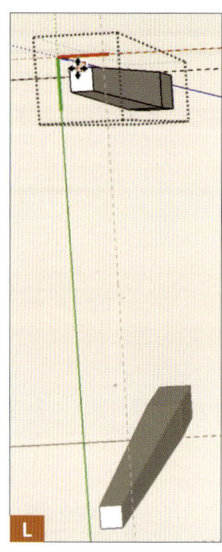

처음에는 단순한 다리 모양으로 작업하는 것이 논리적이다(위 왼쪽). 다리들이 자리를 잡으면 사선 가공한다(위). 그리고 가로대를 추가한다(왼쪽).

다리를 먼저 그리는데, 사선이나 장부 구멍은 일단 생략한다. 하나의 다리를 구성 요소로 만든 다음 필요한 위치로 복사하여 놓는다. 그리고 대칭 이동 명령으로 방향을 맞춘다. 이렇게 위치를 잡는 과정에는 다리가 직육면체인 것이 다루기 편하다(K).

다리 구성 요소 하나를 더블클릭하여 편집 모드로 들어간다. 그리고 다음과 같이 사선 다리로 만든다. 먼저 다리 윗부분에 4개의 면을 두르는 선을 그린다. 이 선에서부터 사선이 시작될 것이다. 시점을 움직여 다리의 밑바닥을 본다. 오프셋 도구를 이용하여 다리 밑바닥의 크기가 될 사각형을 그린다. 이제 이동 도구로 다리 밑바닥 모서리를 잡아 방금 그린 작은 사각형에 맞추어 옮긴다(L). 이제 사선으로 가공된 4개의 다리가 생겼을 것이다.

이제 가로대를 만들 차례이다. 다리 두 개 사이에 가로대 하나를 그린다. 밀기/끌기 도구로 가로대에 두께를 주고, 구성 요소로 만든다. 만일 테이블이 직사각형이라면 두 번째 세트의 가로대를 만든다. 가로대를 반대편으로 복사한 뒤 적절한 방향으로 대칭 이동을 한다. 필요하다면 가로대의 위치를 조절한다. 일반적으로 가로대는 다리에서 약간 들어가게 배치하면 보기 좋다(M).

이제 장부를 만들자. 48쪽에 설명한 방법대로 장부를 한쪽에 만든 다음, 그 모양을 복사해서 반대편 장부를 만들면 된다(N).

이제 공방에서 하듯이 작업하면 된다. 장부의 크기에 맞게 장부 구멍을 만들자. (공방에서는 보통 장부 구멍을 먼저 만들고, 장부를 그 크기에 맞게 조절하는 것이 일반적이긴 하다.)

다리 구성 요소의 편집 모드로 들어가 가로대가 연결된 윗부분을 확대해본다. 그리고 X선 보기 모드로 들어간다(보기>면 스타일>X선). 이렇게 하면 다리 안으로 들어가 숨겨졌던 장부의 윤곽이 보인다. 이제 선 도구나 직사각형 도구로 장부와 다리가 겹치는 부분을 따라 그린다(O). 이렇게 하면 다리에 장부의 크기와 같은 사각형을 그린 셈이다. 밀기/끌기 도구로 장부의 끝부분까지 구멍을 파자. 이제 시점을 90° 돌려서 다른 쪽 장부 구멍도 이런 식으로 만들자.

만일 X선 보기로 모양을 보는 데 어려움이 있다면, 창>모델 정보>구성 요소 메뉴에서 보이는 2개의 슬라이더를 오른쪽 끝으로 옮기면 좀 낫다(P).

이제 테이블의 하부 구조는 완성되었다. 이제 상판을 올릴 차례이다. 직사각형 도구로 네 다리의 외곽을 둘러싸는 사각형을 다리 위에 그린다. 이 사각형을 구성 요소로 만든 뒤 편집 모드로 들어간다. 그리고 오프셋 도구로 약간 더 넓게 만들어 다리에서 튀어나오게 한다. 이제 밀기/끌기 도구로 두께를 만들어준다.

원한다면 따라가기 도구로 테이블 모서리를 사선이나 곡선으로 만들어도 된다(Q).

### 배운 것 정리

이 장에서는 실제 목공 작업의 순서와 비슷하게 논리적인 순서에 따라 작업하는 방법을 배웠다. 그리고 '깔끔한' 모델을 만들기 위해 문제를 수정하고 모델의 정확성을 유지하는 방법도 배웠다.

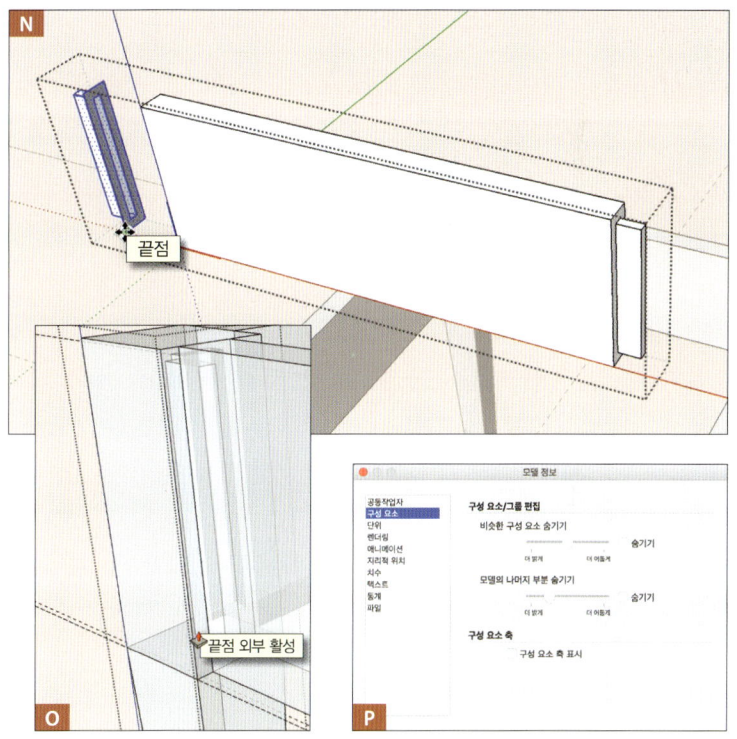

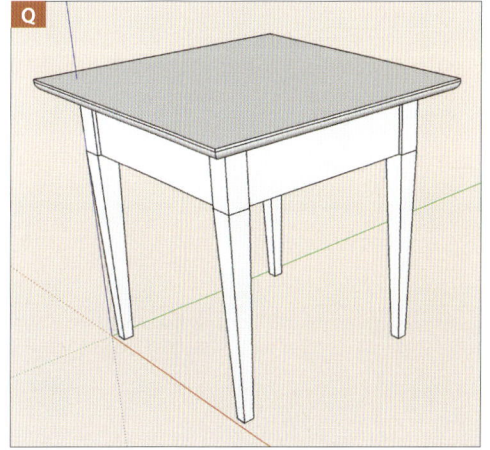

논리적인 순서에 따라 가로대에 장부를 추가한다(위). 장부의 모양에 따라 장부 구멍을 만든다(위 왼쪽). 필요하다면 X선 보기의 선과 면 색을 조절한다(위 오른쪽). 상판을 추가한다(왼쪽). 드디어 테이블 하나를 뚝딱 만들었다.

한 걸음 더

# CHAPTER 7
# 치수 추가하고 도면 인쇄하기
원하는 대로 출력하는 스마트한 방법

스케치업에서는 레이어를 통해 개체를 보이게 하거나 숨길 수 있다. 당신이 만든 모든 개체는 기본적으로 Layer0에 할당된다. 하지만 요소 정보 트레이를 통해 각 개체를 다른 레이어에 할당할 수 있다. 이 그림의 왼쪽 상자는 왼쪽 상자 레이어에 할당했고, 오른쪽 상자는 오른쪽 상자 레이어에 할당하였다. 지금은 세 레이어 모두 보이는 상태이다.

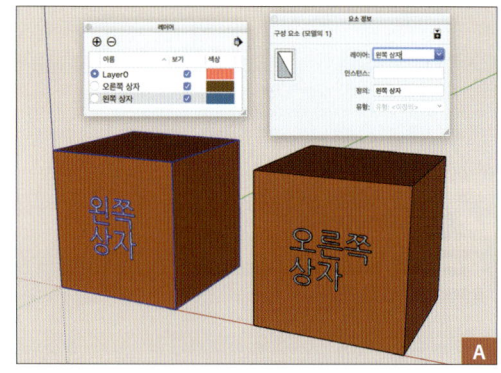

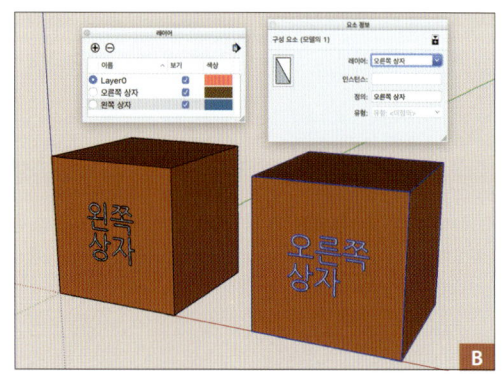

스케치업에는 레이어와 장면이라는 2개의 중요한 기능이 있다. 이 둘을 이용하면 치수, 부분 확대, 패턴과 템플릿을 포함한 상세 도면을 만들 수 있다. 이 두 기능을 활용하여 최대의 결과를 뽑아내보자.

### 레이어 관리

어도비 포토샵 같은 다른 프로그램의 레이어 개념에 익숙하다면, 스케치업의 레이어를 대할 때 기존 지식을 약간 수정할 필요가 있다.

레이어라는 개념은 전통적인 판화 작품을 만드는 기법에서 유래되었다. 여러 가지 모양을 새긴 판(레이어)을 겹쳐서 찍으면 최종적인 그림이 만들어지는 개념이다. 포토샵에서 레이어를 사용한다는 것은 거의 이것과 비슷한 느낌이다.

하지만 스케치업에서의 레이어는 약간 다르다. 스케치업의 레이어는 오로지 모델에서 개체들이 보일지 말지를 결정하는 역할만 한다. 당신이 그린 모든 선과 면은 기본적으로 Layer0 레이어에 담긴다.

스케치업의 레이어가 어떻게 동작하는지 보려면, 두 개의 상자를 가깝게 그려보자. 각 상자를 구성 요소로 만드는데, 왼쪽 상자는 '왼쪽 상자', 오른쪽 상자는 '오른쪽 상자'라고 이름을 붙인다. 윈도우에서는 오른쪽 트레이에서 레이어 트레이\*를 찾으면 되고, 맥에서는 창>레이어를 선택하자. 거기에는 Layer0 레이어만 보일 것이다. 이 Layer0에 두 개의 상자가 놓여 있는 것이다. 원래 그렇다. 레이어 트레이에서 + 기호를 클릭하면 새로운 레이어가 생긴다. 새 레이어의 이름을 '왼쪽 상자'라고 짓자. 활성 레이어는 Layer0로 그대로 두자. 즉, Layer0 이름 왼쪽의 원이 채워져 있어야 한다.

이제 요소 정보 트레이로 가자. 왼쪽 상자를 클릭하여 선택하면, 요소 정보에 왼쪽 상자의 정보가 나타날 것이다. 여기서 레이어를 '왼쪽 상자'로 바꾸어준다. 이런 식으로 '오른쪽 상자'라는 레이어도 만든 뒤, 요소 정보 트레이에서 오른쪽 상자를 '오른쪽 상자' 레이어에 할당한다(A, B).

이렇게 하면 왼쪽 상자는 '왼쪽 상자' 레이어가 보이게 했을 때만 보이고, 오른쪽 상자는 '오른쪽 상자' 레이어가 보이게 했을 때만 보인다(C, D).

이제 요소 정보 트레이를 닫고, 레이어 트레이는 남겨두자.

## 장면 만들기

레이어 기능은 주로 장면 기능과 같이 사용한다. 장면은 '모델을 보는 방법'을 의미한다. 예를 들어 한 장면은 전체가 조립된 모양을 보여주고, 다른 장면은 분해된 장면을 보여주는 식이거나, 한 장면은 장롱의 문짝이 열려 있고, 다른 장면은 닫혀 있게 구성할 수 있다. 또는 복잡한 부위를 확대해서 자세히 볼 수 있게 장면을 구성할 수도 있다.

장면 트레이를 열고, + 기호를 클릭하면 장면을 추가할 수 있다. 3번 클릭하여 장면 3개를 만들자.

장면 1 항목을 선택하고 아래 이름 상자에 '상자 2개'라고 입력하자. 작업공간에 두 개의 상자가 보

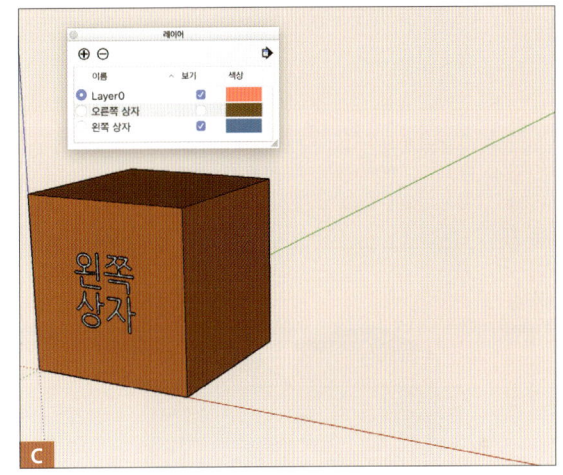

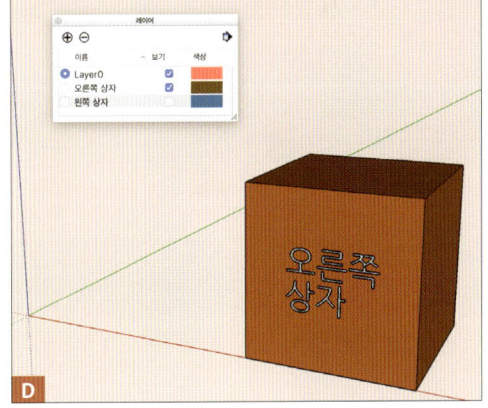

'오른쪽 상자' 레이어의 보기 항목을 체크하지 않으면, 오른쪽 상자는 사라진다(위). 비슷하게 '왼쪽 상자' 레이어의 보기 항목을 체크하지 않으면, 왼쪽 상자가 사라진다 (오른쪽).

\* 레이어 트레이가 보이지 않는다면, **창>Default Tray** 메뉴에서 레이어를 체크하면 된다.

# 7 치수 추가하고 도면 인쇄하기

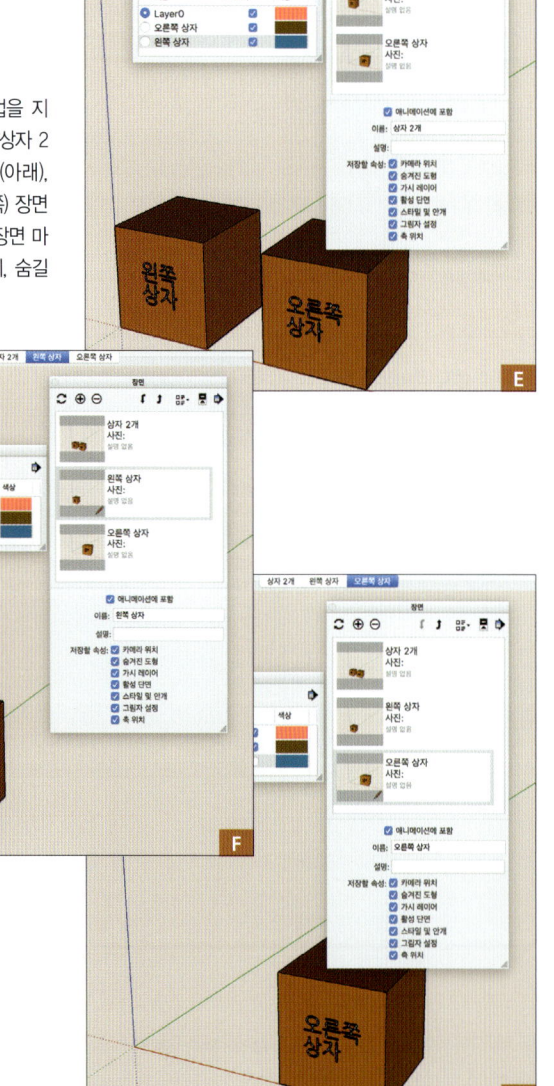

장면은 모델을 보는 방법을 지정한다. 이 그림은 각각 '상자 2개'(오른쪽), '왼쪽 상자'(아래), '오른쪽 상자'(아래 오른쪽) 장면을 선택한 화면이다. 각 장면 마다 레이어를 보이게 할지, 숨길지를 정할 수 있다.

일 것이고, 레이어 트레이에 보이는 레이어 3개의 보기 박스가 모두 체크되어 있을 것이다.

장면 트레이에서 장면 업데이트 아이콘(트레이의 왼쪽 위에 있는 화살표 두 개가 원을 그리는 모양 아이콘)을 클릭하자. 그리고 나오는 대화창에서 업데이트 버튼을 클릭하자.*

이제 장면 2 아이콘을 클릭하자. 장면의 이름을 '왼쪽 상자'로 입력하고, 레이어 트레이로 가서 '오른쪽 상자' 레이어의 보기 체크를 해제한다. Layer0는 계속 보기 체크를 유지한다. 아까 했던 대로 장면 2를 업데이트한다.

마지막으로 세 번째 장면 아이콘을 선택한 후, 이름을 '오른쪽 상자'로 정한다. 레이어 트레이에서 이번에는 '왼쪽 상자' 레이어의 보기 체크를 해제한다. 그래서 '오른쪽 상자' 레이어와 Layer0만 보기 체크가 되도록 하자. 그리고 이 장면도 업데이트한다(E, F, G).

이제 작업공간 위에 생긴 장면 탭을 클릭해보자. 탭을 바꾸어 클릭해보면 상자가 사라졌다 나타났다 하는 것을 보게 될 것이다. 또한 보기>애니메이션>재생 메뉴를 실행하면 장면이 자동으로 전환되면서 영상처럼 볼 수도 있다.

## 치수 추가하기

치수가 기입된 도면을 만들려면, 먼저 치수를 기입할 장면을 만들어야 한다. 맞은편의 그림은 6장에서 보았던 작은 사이드 테이블이다. 나는 조립된 모습을 하나의 장면으로 만들었다. 지금까지 해왔던 모델링 방법대로 하면 된다.

이제 전체 모델을 복사하여, 원래 위치에서 좀

* 작업공간 위의 장면 탭에 오른쪽 버튼을 눌러 업데이트 명령을 선택해도 된다.

떨어져 빨강 축 위에 복사한다. 복사본에서 중복된 구성 요소는 삭제한다. 이 테이블을 예로 들면 3개의 다리와 3개의 가로대가 중복이므로 삭제한다. 이제 각 구성 요소를 회전시켜 윗면이 앞쪽을 향하도록 배치한다. 예를 들어 테이블 상판의 경우 90°를 돌려서 윗면이 보이도록 하자. 나는 다리도 90° 돌려서 장부 구멍이 보이도록 했다. 가로대도 돌려서 양 끝의 장부 부위가 보이도록 했다(H).

배치가 끝났으면, 카메라>표준 뷰>전방 메뉴를 실행하자. 그리고 카메라>평행 투영 메뉴도 선택하자. 평행 투영을 하면, 원근감을 없애서 2D로 보인다. 구성 요소를 모아서 한 화면에 다 나오도록 한다. 단 구성 요소 사이는 좀 띄워서 치수를 넣을 자리를 확보하자.

이 상태를 새로운 장면으로 만들자. 그리고 '치수'라는 이름의 레이어도 만들자.

치수를 기입하기 앞서서, 먼저 치수선 끝의 모양과 숫자 형식을 먼저 설정한다. 창>모델 정보 메뉴를 선택한 다음, 왼쪽에 있는 리스트에서 치수 항목을 선택하자(I).

치수의 기본 글꼴은 Tahoma인데, 깔끔하고 군더더기 없어 무난하다. 하지만 다른 글꼴을 원한다면 바꿔도 된다. 글꼴의 크기는 9나 10 정도가 좋다. 읽기에 불편하지 않으면서도 너무 크지도 않다. 치수선 끝의 모양도 슬래시나 없음으로 선택하자. 나머지 모양은 크고 거추장스럽다. (스케치업 Pro 버전에 딸려오는 LayOut 프로그램은 치수의 스타일을 더 세밀하게 조절할 수 있다. 73쪽을 참고하자.)

이제 당신의 모델에 치수를 추가할 준비가 되었다. 먼저 구성 요소 편집 모드에 있다면 빠져나오자. 평행 투영된 장면으로 가서, 치수 도구를 선택

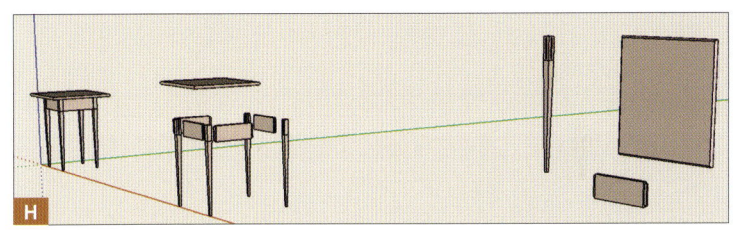

모델을 복사하고 축 방향을 따라 옮겨둔다. 그러면 이 복사본으로 새로운 장면을 만들 수 있다. 여기서는 복사본으로 가구의 분해도를 그렸고, 치수도도 그렸다. 분해도는 초록 축을 따라 뒤로 옮겨두면 좋은데, 그러면 다른 뷰에 걸리적거리지 않아서 좋다.

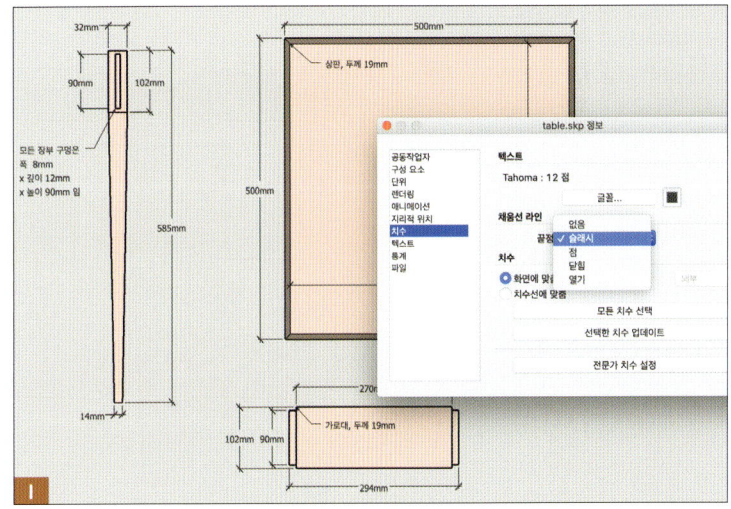

**창>모델 정보>치수**를 선택하여, 치수선 끝의 모양과 숫자의 글꼴과 크기를 설정한다. 나는 슬래시나 끝 모양이 없는 것을 선호한다. 깔끔한 도면을 위해 치수선은 별도의 레이어에 놓는 것이 좋다.

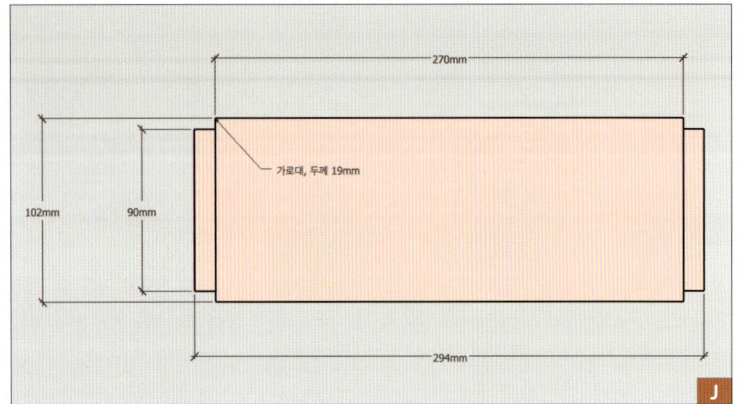

치수를 기입할 때는 한 점을 먼저 클릭한 다음, 반대편 점을 클릭하면 된다. 이어서 커서를 구성 요소 바깥으로 움직이면 치수선이 나타난다.

다리의 장부 구조처럼 중요한 부분은 새로운 장면으로 만들어, 그 부분만 확대하여 보여주면 좋다. 필요하면 치수도 추가하자.

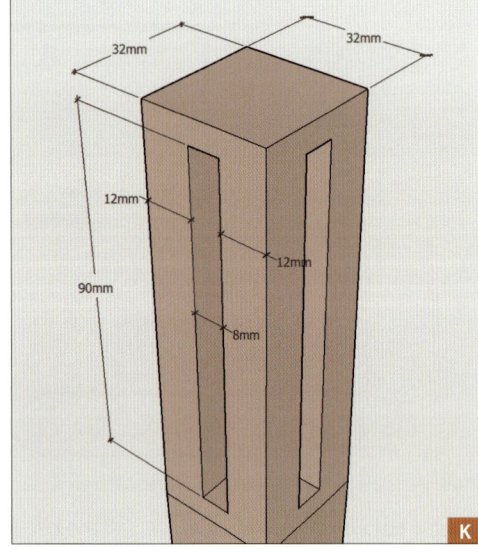

하자. 그리고 치수를 표시하고자 하는 시작점을 클릭한 다음, 이어서 끝점을 클릭한다. 그리고 커서를 바깥으로 움직이면 치수와 치수선이 나타난다. 필요한 다른 치수선도 이런 식으로 만들면 된다 (J). 치수선을 모두 만들었으면, 시프트키를 누른 상태에서 치수선을 모두 선택한다. 그리고 요소 정보 트레이로 가서, 아까 만들었던 '치수' 레이어로 옮긴다.

치수선을 그릴 때 이렇게 번거로운 작업을 하는 이유가 무엇일까? 일단 치수선을 구성 요소 안에 그리면, 이 구성 요소를 사용하는 다른 장면에서도 치수선이 나타난다. 그래서 치수선은 구성 요소 바깥에 그려야 한다. 또한 치수선을 다른 레이어에 두면, 원하는 장면에서만 치수선이 보이게 할 수 있다.

이것도 알아두자. 만일 치수선이 있는 구성 요소의 크기가 바뀌면, 자동으로 치수선의 수치도 바뀐다.

## 상세도 그리기

구성 요소를 자세히 들여다보기 위해 새로운 장면 하나를 만들자. 다음에 있는 그림(K)처럼, 장부 구멍의 위치와 크기 그리고 사선이 시작되는 위치를 보여주기 위해 다리의 윗부분을 확대해놓았다. 그리고 평행 투영Parallel Projection에서 투시Perspective로 투영법을 변경하여 3D처럼 보이게 했다.

치수선은 필요한 만큼 추가하면 된다. 단 아까처럼 '치수' 레이어에 넣자. 장면을 업데이트할 때, '치수' 레이어가 보이게 해두었는지 확인하자.

만일 라벨이나 글자를 추가하고 싶다면, 치수 도구 밑에 있는 텍스트 도구를 쓰면 된다. 라벨을 놓을 구성 요소의 점이나 선을 클릭한 다음, 드래그하여 밖으로 뺀다. 스케치업은 기본적으로 구성 요소의 이름을 라벨로 설정한다. 하지만 언제든 바꿀 수 있다. 라벨을 클릭하여 선택한 다음, 새로운 글자를 쳐 넣으면 된다.

마지막으로, 구성 요소들의 전체 크기를 보여주는 장면을 만들자. 내 경우는 가로대를 마구리면에서 바라보아 장부와 장부 어깨가 잘 보이게 했다 (L). 투영법을 다시 평행 투영으로 바꾸자. 그리고 범위 확대/축소 또는 창 확대/축소 명령을 사용하여 선택한 구성 요소가 화면을 꽉 채우도록 한다. 필요한 치수선과 라벨을 추가하는데, 적절한 레이어로 할당하는 것을 잊지 말자. 끝나면 장면을 업데이트한다.

## 도면 출력하기

스케치업 2017에서 장면을 인쇄하는 것은 간단하고 직관적이다. 원하는 장면을 선택한 후 필요한 모든 것이 보이는지 확인하자. 그리고 컴퓨터의 인쇄를 위한 페이지 셋업과 문서 셋업을 한다.

라벨이나 치수가 포함된 장면은 약간 더 성가실 수 있다. 스케치업의 모델은 확대/축소를 통해 나타나는 크기가 달라지지만, 스케치업에 나오는 글자는 그 크기가 고정되어 있기 때문이다. 장면을 축소할 때 주의하지 않으면, 글자들이 서로 겹쳐 알아보기 어려울 수도 있다(M, N).

컴퓨터의 인쇄 미리보기 기능을 이용하여 치수와 라벨이 겹치지 않고 제대로 나오는지 미리 확인하자. 괜찮다면 인쇄를 진행해도 된다.

스케치업 Make 2017에서 실제 크기로 인쇄하는 것은 약간 까다롭다. 하지만 스케치업 Pro에서 패턴이나 템플릿을 실제 크기로 인쇄하는 것은 매우 쉽다. 73쪽에 자세히 설명하였으니 참고하길 바란다.

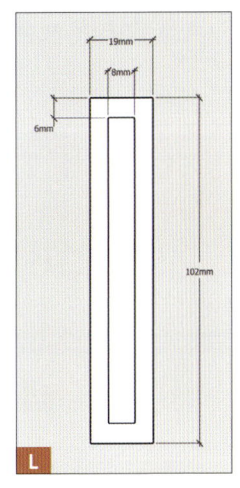

가로대의 마구리면을 본 장면이다. 나중에 실제 크기로 프린트할 것이다.

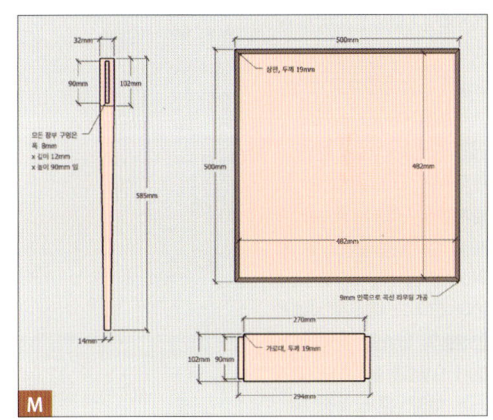

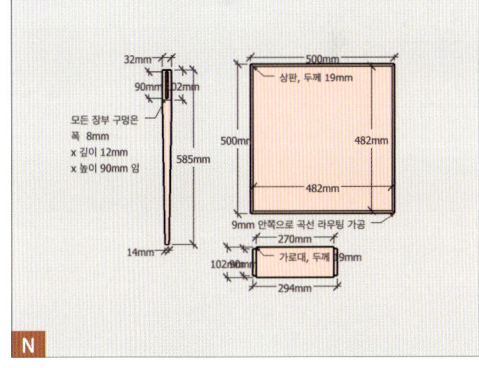

스케치업에서는 치수선에 쓰인 숫자의 글꼴이 항상 같은 크기이다. 그래서 확대한 경우에는 괜찮지만(위), 전체 보기로 축소한 경우 읽기 어려울 정도로 겹친다(아래).

# 7 치수 추가하고 도면 인쇄하기

스케치업 Make 2017에서 실제 크기로 인쇄하려면, 먼저 모델을 평행 투영으로 설정하고, 확대를 하여 구성 요소가 거의 화면을 채우도록 해야 한다(위). 윈도우에서는 **파일>인쇄 미리보기** 메뉴로 가서 **페이지에 맞춤**과 **모델 범위 사용** 항목의 체크를 해제한다. 그리고 **배율** 항목에서 **인쇄물의 1mm를 SketchUp에서 1mm로** 설정한다. 맥에서는 **파일>문서 설정** 메뉴를 선택한 뒤, **그리기**에서와 **모델 안** 항목을 각각 1mm로 설정한다(아래 오른쪽).

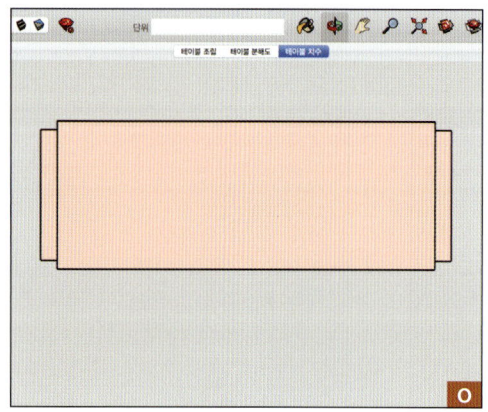

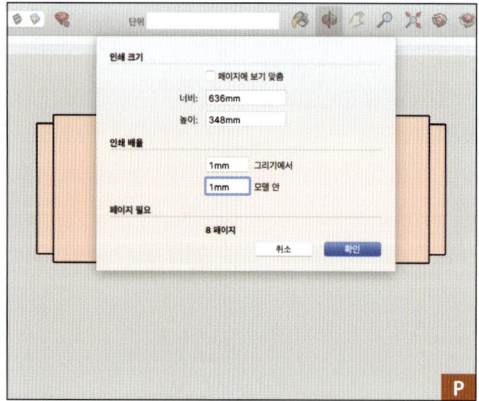

스케치업 Make에서 실제 크기로 인쇄하기 위해서는, 평행 투영을 사용하고 카메라>표준 뷰 메뉴에서 위/아래/전방/후방 같은 축방향 시선을 선택해야 한다. 그리고 실제 종이와 비슷한 비율로 스케치업 창의 크기를 조절한 다음, 모델을 확대/축소하여 화면을 거의 채운다. 이제 파일>인쇄 미리보기 메뉴를 선택한 다음, 페이지에 맞춤과 모델 범위 사용 항목의 체크를 해제한다. 그리고 배율 항목에서 인쇄물의 1mm를 SketchUp에서 1mm로 설정한다. 맥에서는 파일>문서 설정 메뉴를 선택하고, 그리기에서와 모델 안 항목을 각각 1mm로 설정한다(O, P). 이제 인쇄를 한 다음, 그 결과를 자로 재어보자. 몇 번 연습하고 테스트해봐야 실제 크기로 인쇄하는 법을 터득하게 될 것이다.

자 이제 여러분은 완성된 모델과 정확한 도면을 가지고 공방에 갈 수 있다.

## 배운 것 정리

여러분은 이 장에서 모델의 어떤 부분을 보이고 숨길지를 제어하기 위해 레이어를 사용하는 방법을 배웠다. 그리고 모델의 여러 측면을 보여주는 장면 기능을 배웠고, 레이어와 장면 기능을 같이 사용하는 법도 배웠다. 마지막으로 패턴과 템플릿을 위해 실제 크기로 인쇄하는 법을 배웠다.

# 스케치업 Pro에서 치수와 인쇄

스케치업 Make에서는 실제 크기로 인쇄하는 것이 다소 까다로웠지만, 스케치업 Pro에서는 매우 쉬운 일이다. 그것은 스케치업 Pro와 딸려오는 LayOut 프로그램 덕분이다. LayOut은 스케치업 모델로 치수 도면, 출력용 도면 또는 문서로 만드는 프로그램이다.

스케치업 Pro를 사용한다면, 스케치업의 장면을 LayOut으로 바로바로 보낼 수 있다. LayOut에서는 템플릿의 크기를 레터지부터 610×914mm 크기의 Arch D 크기까지의 종이에 뽑을 수 있다. 사실 더 큰 크기로도 뽑을 수 있다. (대부분의 사람은 집에 대형 프린터를 가지고 있지 않다. 만일 매우 큰 종이에 뽑아야 할 필요가 있다면, LayOut 파일을 PDF로 저장해서 USB 디스크에 담아, 근처에 있는 인쇄소나 문구점에 부탁하면 된다.)

LayOut에서는 스케치업 모델의 배율을 쉽게 조정할 수 있다. 디폴트를 써도 되고, 임의로 지정해도 된다. 오른쪽 제일 위 그림을 보자. 만일 배율을 1:1로 지정하면 실제 크기로 인쇄하게 된다.

또한 치수선과 끝 모양을 어떻게 표현할지에 대해서도 다양한 선택을 할 수 있다. 오른쪽 중간 그림을 보자.

만일 원래 모델을 수정하고 싶다면, LayOut에서 바로 스케치업으로 넘어갈 수 있다. 마우스를 몇 번 클릭하면 변경된 모델이 LayOut에 반영된다.

LayOut은 스케치업의 든든한 친구이자, 스케치업 Pro를 구입하는 강력한 동기[*]가 된다.

[*] 스케치업 Make를 처음 설치하면 한 달 동안 스케치업 Pro 기능을 쓸 수 있다. 따라서 한 달 동안 LayOut 프로그램을 써볼 수 있다.

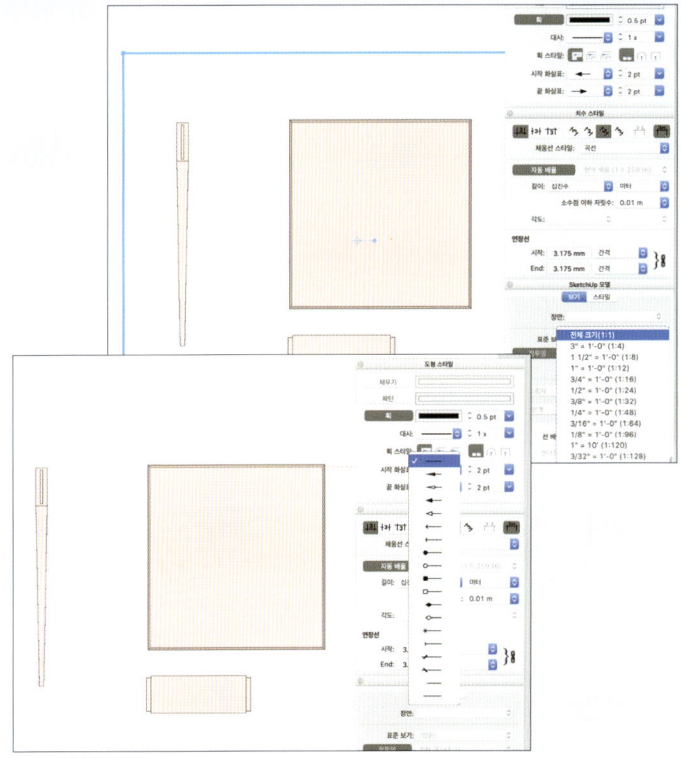

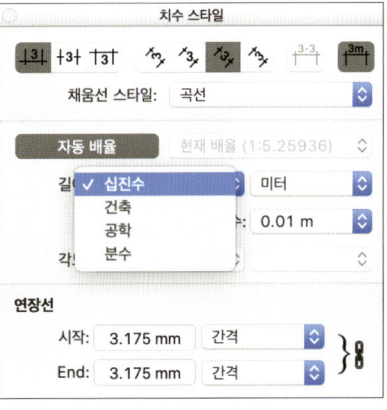

스케치업 Pro에서만 사용 가능한 LayOut 프로그램은 배율을 자유롭게 지정할 수 있고(위), 치수선 스타일도 조절할 수 있으며 (아래), 치수의 정밀도도 지정할 수 있다(왼쪽).

# CHAPTER 8
# 두 도형으로 복잡한 모양 만들기
가구를 만들 때처럼, 그림을 그릴 때도 여러 도형을 하나로 만든다.

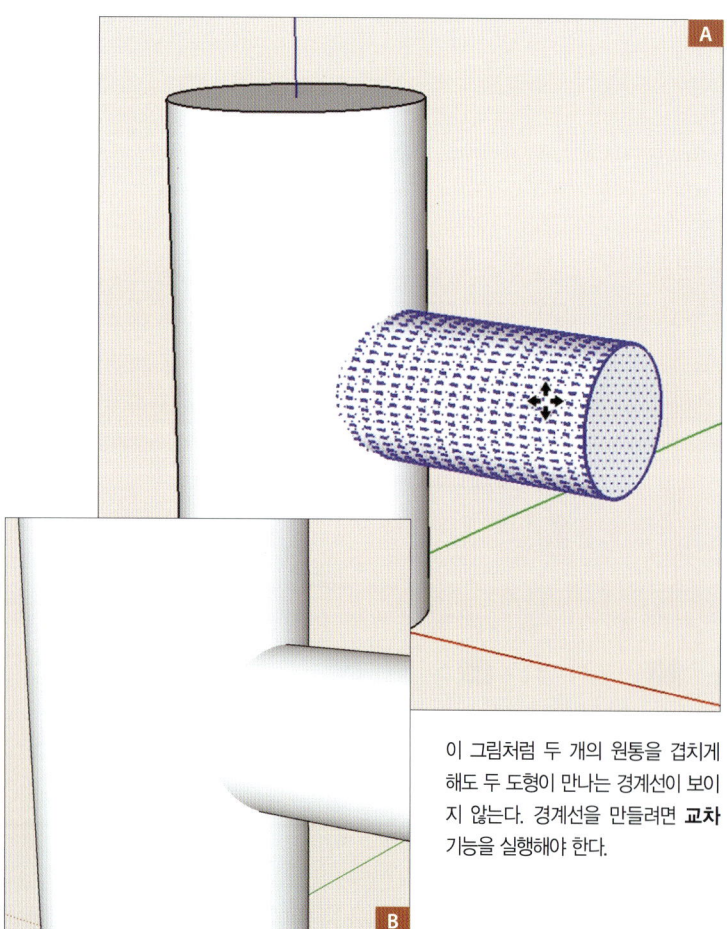

이 그림처럼 두 개의 원통을 겹치게 해도 두 도형이 만나는 경계선이 보이지 않는다. 경계선을 만들려면 **교차** 기능을 실행해야 한다.

스케치업은 교차라고 하는 유용한 기능을 제공한다. 교차 기능으로 두 개 이상의 도형을 겹쳐서 새로운 모양을 만들어낼 수 있다. 이 기능은 목수들에게 쓸모가 많다. 카브리올 다리를 그리거나, 둥근 다리의 연결부를 만들거나, 문짝 테두리를 만들거나, 둥근 의자 다리에 장부 구멍을 그리는 등 다양하다. 본질적으로 교차 도구는 밴드쏘나 둥근 선반칼, 드릴 또는 조각도 같은 역할을 해서, 쉽게 만들기 어려운 모양을 모델링할 수 있다.

### 교차의 기본

교차 기능이 동작하는 방법을 이해하려면 다음과 같이 해보자. 먼저 파랑 축을 따라 원통을 하나 그리자. 지름이나 높이는 아무래도 상관없다. 이번에는 빨강 축을 따라 원통을 하나 더 그리자. 이동 도구로 나중에 그린 원통을 빨강 축을 따라 움직여, 처음 그린 원통에 일부가 들어가게 하자. 이것은 의자에서 많이 보이는 둥근 가로대가 둥근 다리에 연결되는 상황과 비슷하다(A).

이제 두 원통이 만나는 지점을 자세히 들여다보자. 두 도형이 만나는 지점을 나타내는 경계선이 보이지 않을 것이다(B). 두 도형이 애매하게 합쳐져 있는 것처럼 보인다. 이 문제를 해결하려면 두 도형 전체를 선택하고 오른쪽 버튼을 눌러 교차 면>선택 항목 사용 메뉴를 선택하거나, 메인 메뉴의 편집>교차 면>선택 항목과 교차를 선택한다(C).

명령을 실행하자마자 두 원통이 만나는 경계선이 생길 것이다. 이제 두 번째 원통의 보이는 부분을 모두 삭제하자. 그리고 첫 번째 원통에 남아 있는 경계선 안쪽의 면도 지우자. 그러면 첫 번째 원통에 얕은 구멍이 뚫릴 것이다(D, E). 이 정도면 거의 원하는 바를 다 이루었다.

스케치업 Pro 버전은 고체Solid 도구라는 특별한 기능을 제공한다. 고체 도구는 교차 도구과 비슷한 기능도 제공하고, 두 도형을 여러 가지 방법으로 합치는 다른 기능도 제공한다. 내 경험으로는 고체 도구가 그다지 시간을 절약해주지도 않을 뿐더러, 몇몇 단점도 거슬린다. 대표적인 단점은 고체 도구를 사용하고 나면 구성 요소가 그룹으로 바뀌어버린다는 점이다. 스케치업 Pro를 사야 할 이유는 많지만, 적어도 고체 도구를 쓰기 위해서는 아닌 듯하다.

### 교차의 문제점 해결

두 복잡한 모양을 겹쳐서 교차 기능을 쓰다 보면 골치 아픈 일이 생길 수 있다. 두 도형을 교차시킨 후, 필요 없는 모양을 지우다 보면 필요한 면이 사라지는 경우가 종종 발생한다. 다른 경우로는 교차로 만들어진 모양에 미세한 결함들이 생겨서 그것을 찾아내기도 어렵고, 일일이 결함을 메꿔야 해서 귀찮다. 이런 미세한 결함은 스케치업이 작은 영역을 잘 채우지 못하기 때문에 발생한다.

이 두 가지 문제를 해결하기 위해서는 크게 그리면 된다. 이렇게 해보자. 교차 명령을 실행하기 전에 합친 두 도형을 구성 요소로 만들자. 그리고 이 구성 요소를 복사하여 좀 떨어진 곳에 두자. 복사한 교차 도형을 60쪽에서 했던 것처럼 배율 도구로 100배나 1,000배로 크게 만들자.* 이것을 더블클릭하여 편집 모드로 들어가서 교차 면 명령을 실행하여

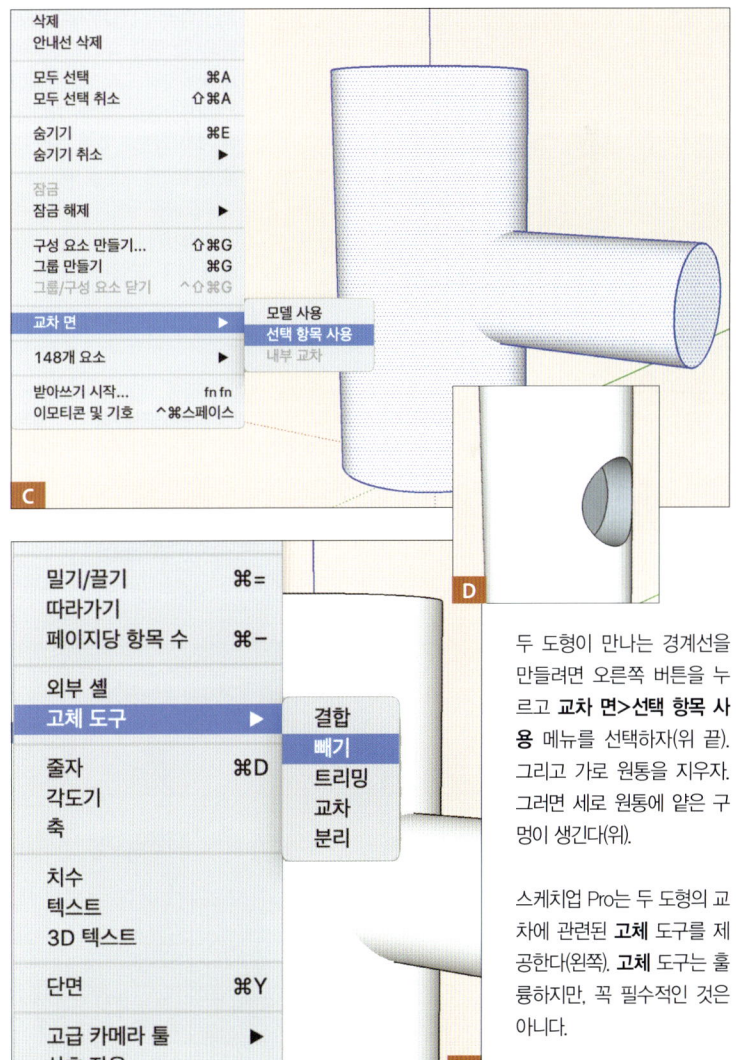

두 도형이 만나는 경계선을 만들려면 오른쪽 버튼을 누르고 **교차 면>선택 항목 사용** 메뉴를 선택하자(위 끝). 그리고 가로 원통을 지우자. 그러면 세로 원통에 얕은 구멍이 생긴다(위).

스케치업 Pro는 두 도형의 교차에 관련된 **고체** 도구를 제공한다(왼쪽). **고체** 도구는 훌륭하지만, 꼭 필수적인 것은 아니다.

# 8 두 도형으로 복잡한 모양 만들기

F 둥근 다리의 연결부를 만들기 위해서는 둥근 다리의 중심에서 직육면체 모서리를 관통하는 직사각형을 그려야 한다(왼쪽). 직사각형에 호를 그린 다음, 불필요한 부분을 제거하여 칼날 모양을 만든다. 그리고 위에 **따라가기** 도구를 위한 경로로 쓸 원을 그려준다(아래).

G

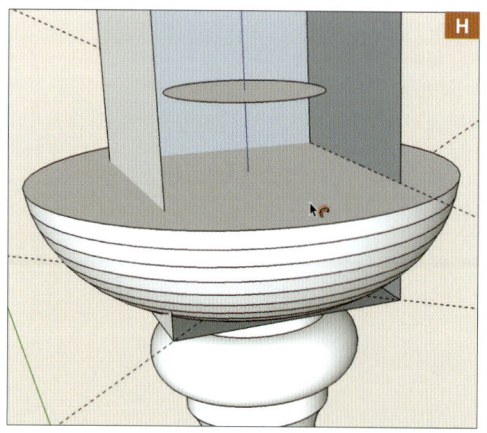

따라가기 도구를 이용하여 칼날 모양을 입체로 만든다.

H

필요 없는 부분을 지우자. 정상적으로 교차 작업이 끝났다고 생각되면 복사본을 지우면 된다.

범위 확대/축소 도구**를 실행하면 원본 구성 요소를 화면에 잘 보이게 할 수 있다. 이미 알고 있듯이 복사된 구성 요소에서 수정을 하면, 다른 연결된 구성 요소에도 이 수정 사항이 반영된다. 그러니 원본 구성 요소에 문제가 없어야 한다. 만일 여전히 결함이 보인다면, 이번엔 더 크게 확대해보자.

## 실용적인 교차 사용 예

목공에서 교차 기능을 사용하는 대표적인 5개의 경우를 정리해보았다. 대부분 면이나 모양으로 교차하는 구성 요소를 잘라내는 칼날의 역할을 한다.

**둥근 다리 연결부.** 둥근 테이블 다리의 윗부분은 가로대와 연결을 위해 직육면체의 모양이다. 이 직육면체가 둥근 다리 부분과 만나는 연결부Pommel는 곡선으로 가공한다. 실제 목공 선반에서 작업할 때는 날카로운 모서리 때문에 평칼Skew Chisel로 조심스럽게 작업해야 하지만, 스케치업에서는 훨씬 쉽다.

먼저 연결부 아래의 둥근 다리 모양을 완성한 다음 구성 요소로 만든다. 그리고 둥근 다리의 윗부분에 직육면체를 중심에 맞춰 올리고 별도의 구성 요소로 만든다. 직육면체의 편집 모드로 들어가 앞쪽 면 하나를 선택한 후, 오른쪽 버튼으로 숨기기 명령을 실행한다. 이것은 다리의 중심부가 잘 보이도록 하기 위해서이다. 줄자 도구로 바닥 사각형에 대각선을 그어서 중심을 표시한다. 이제 직육면체 바깥을 클릭하여 편집 모드에서 나온다.

\* 배율 도구로 약간 크게 한 후, 1000이나 1000을 입력하고 엔터키를 치면 된다.
\*\* 범위 확대/축소 도구의 단축키인 시프트+Z키를 사용하는 것이 더 편하다.

# 8 두 도형으로 복잡한 모양 만들기

이제 두 안내선이 만나는 중심에서 대각선 방향으로 직사각형을 세워 그린다. 길이는 직육면체를 뚫고 나올 만큼만 그리면 된다. 물론 직육면체의 높이는 연결부의 크기보다 높아야 한다. 연결부의 상단 높이에 맞게 직육면체에 안내선을 그린다(F).

2점 호 도구로 직사각형의 끝에 곡선을 그린다. 한 점은 직사각형의 위쪽 끝에, 다른 점은 둥근 다리의 윗면과 직사각형이 만나는 점에 찍으면 된다. 그려진 호가 직사각형 평면 위에 있는지 꼭 확인하자. 불필요한 부분은 버리고, 칼 모양만 남겨둔다(G).

칼 모양 위에 조그만 원을 그리는데, 칼 모양의 끝이 원의 중심과 수직으로 닿아야 한다. 이제 원을 더블클릭하여 선택한 다음 따라가기 도구를 선택하고 칼 모양을 클릭한다(H).

만들어진 접시 모양을 트리플 클릭하여 선택하고, 편집>잘라내기 메뉴나 Ctrl+X키(맥은 Command+X)를 눌러 잘라낸다.

이제 직육면체 구성 요소를 더블클릭하여 편집 모드로 들어간 다음, 편집>특정 위치에 붙여넣기를 선택한다(I). 그리고 숨기기 취소>마지막에 선택된 개체 메뉴를 실행해 아까 숨겼던 면을 보이게 한다. 이제 트리플 클릭을 하여 모든 도형들을 선택한 다음, 편집>교차 면>선택 항목과 교차 메뉴를 실행한다(J). (또는 오른쪽 버튼과 교차 면>선택 항목 사용을 해도 된다.) 뭔가 면이 빠지고 깨지는 현상이 보이면, 아까 언급한 대로 복사를 한 뒤 아주 크게 만들어서 해보기 바란다.

이제 필요 없는 면과 선을 제거하여 곡면 연결부를 나타나게 한다(K). 필요하다면 면 반전도 하자.

이제 직육면체 부분과 둥근 다리를 하나의 구성 요소로 합칠 차례이다. 이를 위해서는 직육면체를 선택한 후, 오른쪽 버튼 클릭과 개체 분해Explode를

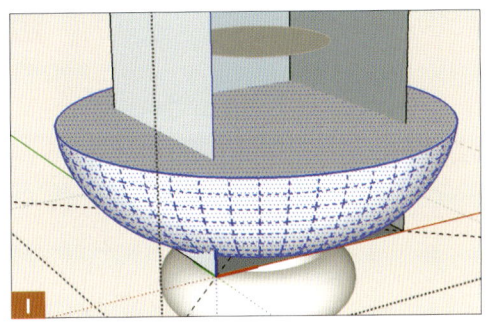

접시 모양을 잘라낸 다음 직육면체에 붙여 넣는다(왼쪽). 직육면체와 접시 모양을 모두 선택한 다음 교차 기능을 실행한다(아래).

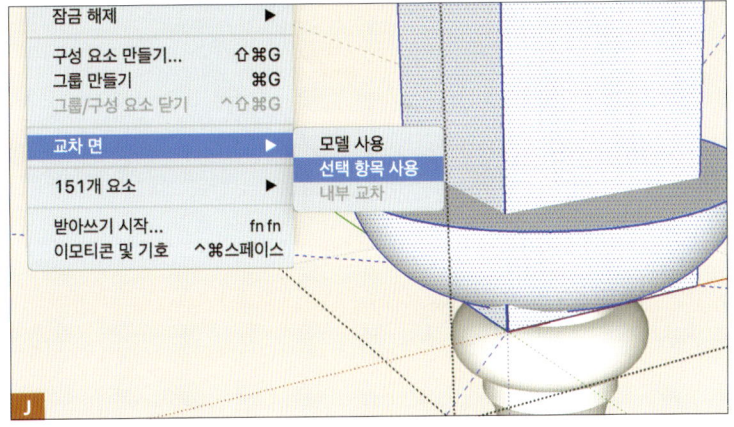

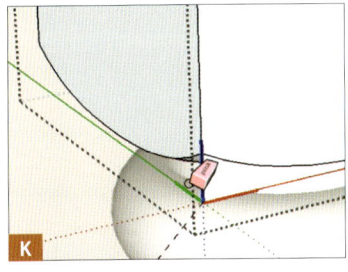

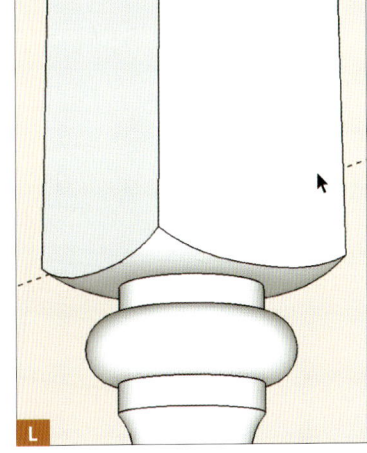

필요 없는 부분을 지우고(위), 둥근 다리와 연결되는 곡선 연결부만 남긴다(오른쪽).

핵심만 추린 목공 스케치업 77

# 8 두 도형으로 복잡한 모양 만들기

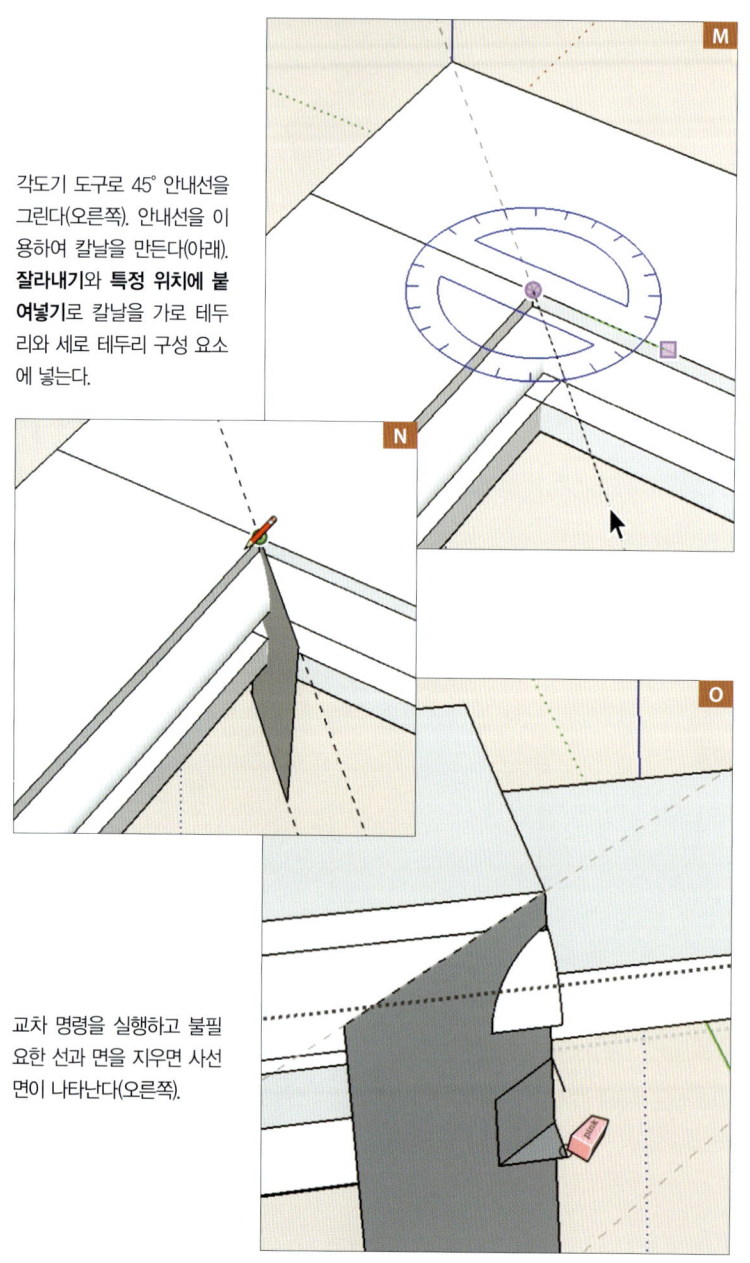

각도기 도구로 45° 안내선을 그린다(오른쪽). 안내선을 이용하여 칼날을 만든다(아래). **잘라내기**와 **특정 위치에 붙여넣기**로 칼날을 가로 테두리와 세로 테두리 구성 요소에 넣는다.

교차 명령을 실행하고 불필요한 선과 면을 지우면 사선 면이 나타난다(오른쪽).

선택하자. 그리고 직육면체 부분 전체를 선택한 후 편집>잘라내기 메뉴를 실행한다. 이제 둥근 다리의 편집 모드로 들어가 편집>특정 위치에 붙여넣기를 실행하면 된다(L).

**연귀 맞춤과 요철 맞춤.** 문짝의 테두리 연결에서 자주 사용되는 연귀 맞춤을 실제 목공에서는 라우터 비트와 끌질로 만든다. 연귀 맞춤Mitered Joint과 요철 맞춤Coped Joint의 차이는 두 막대가 어떤 모양으로 연결되느냐에 있다. 연귀 맞춤은 두 막대를 45°로 잘라 붙인다. 요철 맞춤은 한쪽 막대가 다른 쪽 막대의 요철을 덮는 모양으로 연결된다.

연귀 맞춤을 위해서는 먼저 단면을 그린다. 그 단면을 밀기/끌기 도구로 당겨서 막대로 만들고 구성 요소로 만든다. 그것을 복사하여 별개의 구성 요소로 만들자(오른쪽 버튼 후, 고유하게 지정).

이 예제에서 나는 장부 연귀 맞춤Bridle Joint을 그렸다. 즉, 세로 막대는 긴 장부를 그렸고, 가로 막대는 위가 터진 장부 구멍을 그렸다. 세로 막대를 90° 돌려 가로 막대의 끝부분과 맞춰둔다.

이제 가로 막대와 세로 막대가 만나는 지점을 자세히 들여다보자. 각도기 도구를 선택한 다음, 중심을 두 막대가 만나는 안쪽 점으로 잡고 45°의 안내선을 그리자(M). 이 안내선을 이용하여 몰딩 부분을 자르는 칼날을 만들자. 크기는 중요하지 않다. 몰딩 부분이 다 잘릴 크기면 된다(N).

이제 칼날을 잘라내기 하여 클립보드에 넣자. 그리고 세로 막대 구성 요소의 편집 모드로 들어가 편집>특정 위치에 붙여넣기를 하자. 편집 모드에서 나온 후, 이제는 가로 막대 구성 요소의 편집 모드로 들어가자. 역시 편집>특정 위치에 붙여넣기를 하자. 이제 칼날은 두 구성 요소 모두에 들어가 있다.

이제 가로 막대를 숨기자. 세로 막대 구성 요소 편집 모드로 들어가 모든 도형을 선택하자. 오른쪽 버튼 후 교차 면>선택 항목 사용을 실행하자. 이제 쓸모없는 부분을 모두 지우고, 세로 막대 편집 모드를 닫고, 숨기자.

이제 가로 막대 구성 요소 편집 모드로 들어가 교차 명령을 똑같은 방법으로 실행하자. 그리고 쓸모없는 부분을 지운다(O). 이 과정에서 필요한 면이 사라질 수도 있다. 이럴 때는 면을 구성하는 선을 그려주면 면이 생긴다(P). 계속해서 쓸모없는 부분을 지운다.

이제 세로 막대를 보이게 한 다음, 결구 부위를 완성한다(Q).

요철 맞춤의 경우 먼저 요철 라우터 비트<sub>Cope-Stick Router Bit</sub>로 만들어질 홈 모양을 단면으로 만든다. 단면을 늘여 적당한 길이로 만들고, 구성 요소로 만든다. 이것이 세로 테두리이다.

가로 테두리를 편집 모드로 연 다음, 튀어나온 혀 모양을 복사하여 테두리 끝 길이 방향에 붙인다. 그리고 밀기/끌기 도구로 밀어 혀 모양을 만든다.

이제 홈 모양 단면을 가로 테두리의 마구리면에 놓고 밀기/끌기 도구로 라우터 비트가 파고 지나간 자국을 만든다. 세로 테두리의 홈 모양을 복사해서 90° 돌려 가로 테두리의 끝에 놓으면 된다. 그리고 밀기/끌기 도구로 밀어 홈을 파면 되는데, 끝부분의 곡면에 걸려 더 이상 나가지 못할 것이다. 이럴 때는 Ctrl키(맥은 Option)를 누른 상태에서 밀면 곡면 모양을 관통하여 밀 수 있다(R).

이제 가로 테두리 구성 요소를 복사한 뒤, 복사본을 배율 도구로 100배 이상 크게 하자. 범위 확대/축소 도구를 사용하면, 큰 복사본을 한 화면에 담을 수 있다. 모든 도형을 선택하고, 오른쪽 버튼

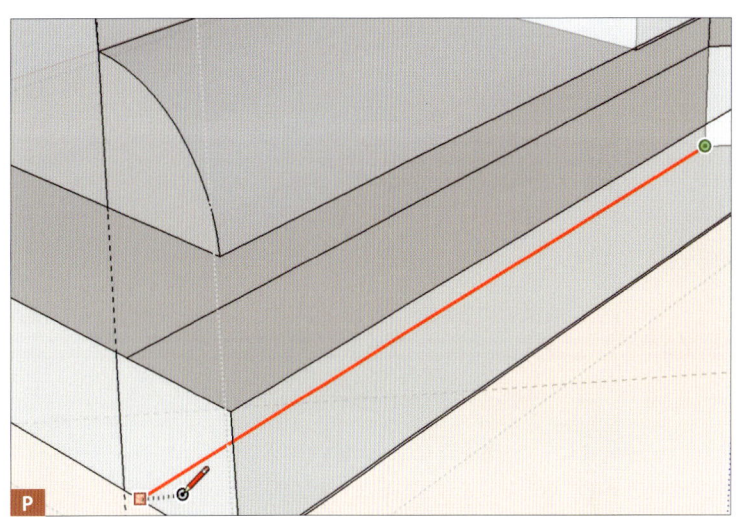

두 개체의 교차 명령을 수행한 뒤, 불필요한 부분을 정리하다 보면 필요한 면이 사라질 수 있다. 이때 선을 추가하면 그 면이 생긴다.

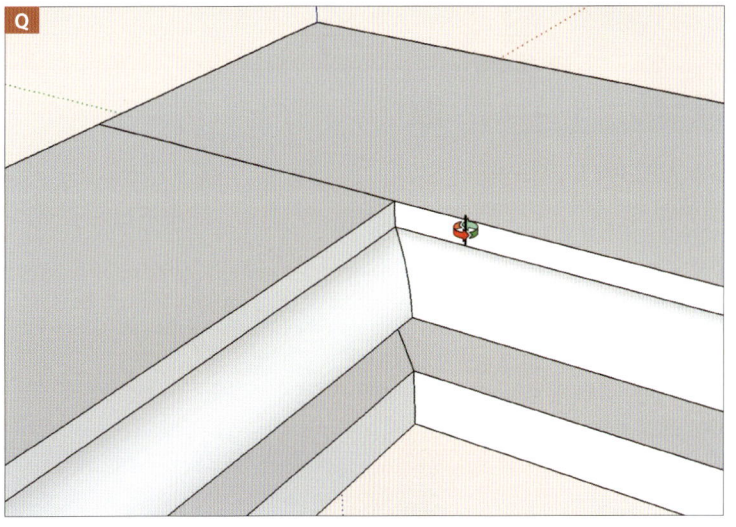

연귀 맞춤이 완성되었다.

# 8 두 도형으로 복잡한 모양 만들기

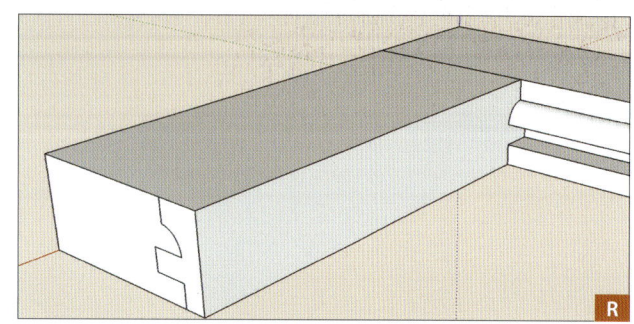

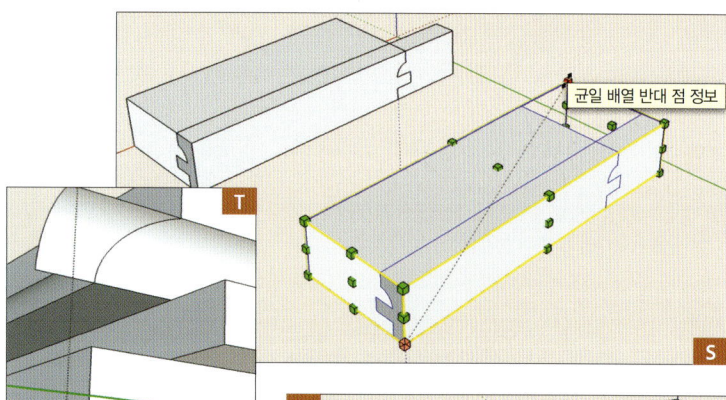

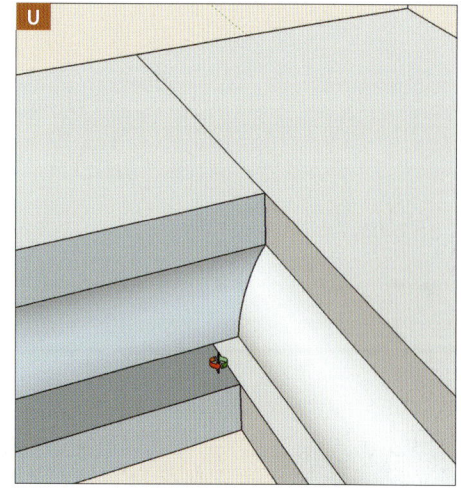

요철 맞춤을 위해 홈 단면을 가로 테두리의 끝에 붙여 넣는다(제일 위). 단면을 테두리 끝을 넘겨 밀어낸다. 복사한 다음 가로 테두리를 100배나 1,000배 크게 한다(위 오른쪽). 뻥튀기한 테두리를 열어 **교차** 명령을 실행한다. 그리고 불필요한 곳을 지운다(위). 오른쪽의 푸른 곳(면 반전이 필요함)을 보면 완벽한 결합이 되었음을 볼 수 있다.

과 교차 면>선택 항목 사용을 하거나 편집>교차 면 메뉴를 실행하자. 조심스럽게 불필요한 부분을 모두 지우고, 필요한 곳의 면을 반전하자. 이렇게 하면 완벽하게 결합된 모양이 나온다(**S, T, U**).

**몰딩 연귀 맞춤.** 이 경우도 칼날을 사용하면 된다. 원하는 몰딩 모양을 그린 후에 밀기/끌기 도구로 원하는 길이로 만든다. 만일 몰딩 양쪽을 모두 연귀 맞춤할 것이라면, 필요한 길이의 절반으로 만드는 것이 좋다.

궤도 도구로 시선을 돌려 몰딩의 아래를 보자. 각도기 도구를 선택한 다음, 몰딩의 꼭짓점을 중심으로 잡고 45° 안내선을 그린다. 이 안내선을 이용하여 선 도구로 칼날을 그린다. 칼날의 크기는 중요하지 않다. 단지 몰딩 모양보다 크면 된다(**V**).

모든 면과 선을 선택한 후에 오른쪽 버튼과 교차 면>선택 항목 사용을 실행한다. 불필요한 부분을 지운 다음, 필요한 면을 반전시킨다.

양쪽 모두 연귀 맞춤할 경우는 다시 모든 선과 면을 선택한 후에 복사하여 좀 떨어진 곳에 놓는다. 이제 복사본에 대칭 이동 명령을 내리고, 다시 이 둘을 합친다. 둘이 만나는 곳의 경계선을 지우고, 트리플 클릭한 다음 구성 요소로 만들면 된다.

**카브리올 다리.** 밴드쏘로 카브리올 다리를 만드는 것과 매우 비슷하게 교차 도구를 쓸 수 있다. 스케치업으로 다리 끝을 둥글게 만드는 것은 까다롭지만, 어차피 다리 끝을 둥글게 하는 작업은 끌과 줄로 하기 때문에 큰 문제가 되지 않는다. 스케치업 모델에 이런 것까지 구현할 필요는 없다.

먼저 카브리올 다리의 형태를 그린다. 만일 도안 없이 바로 그려야 한다면, 빨강 축과 파랑 축에 정

# 8 두 도형으로 복잡한 모양 만들기

렬하여 직사각형을 그리자. 각각 다리의 너비와 높이가 된다. 이제 직사각형 안에 곡선을 그리자. 만일 가지고 있는 사진을 따라 그려야 한다면, 10장을 참고하기 바란다.

원하는 다리 모양을 그렸으면, 불필요한 부분을 지우고, 밀기/끌기 도구로 두께를 준다. 두께가 딱 얼마여야 한다는 것은 없다. 단지 다리의 너비 보다 길면 된다. 이제 이것을 구성 요소로 만들자.

이 구성 요소를 복사한 다음 90° 돌리고 이동 도구로 원래 구성 요소와 겹치게 옮긴다. 이 두 구성 요소를 다시 복사하여 한 켠에 둔다. 이제 한 구성 요소에 오른쪽 클릭 후 개체 분해를 실행한다. 분해된 면과 선을 모두 선택한 뒤 잘라내기를 하고, 다른 구성 요소의 편집 모드로 들어가 편집>특정 위치에 붙여넣기를 한다. 배율 도구를 이용하여 구성 요소 복사본을 100배나 1,000배로 뻥튀기한다(W).

범위 확대/축소 도구를 사용하면 뻥튀기된 구성 요소를 한 화면에 꽉 채울 수 있다. 이 구성 요소의 편집 모드로 들어가 모든 면과 선을 선택한 다음 교차 명령을 실행한다. 필요 없는 부분을 조심스럽게 지운다. 선택 도구로 필요 없는 곳을 드래그하여 여러 개를 선택한 다음 Delete키로 지우면 쉽다.

필요 없는 부분을 모두 지웠으면, 뻥튀기한 구성 요소는 지운다. 다시 범위 확대/축소 도구를 실행하면 원래 다리가 화면을 채울 것이다(X).

## 배운 것 정리

이 장에서는 스케치업의 교차 기능을 이용하여 카브리올 다리, 연귀/요철 맞춤, 둥근 다리 연결부 같은 복잡한 모양을 어떻게 만들 수 있는지 배웠다.

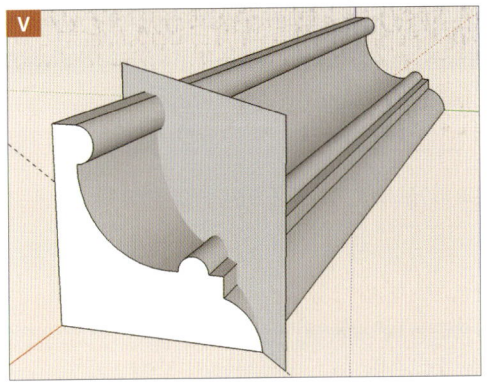

45°로 잘린 몰딩을 모델링하려면 먼저 몰딩 단면을 늘린 다음, 45° 각도로 칼날을 배치한다. 모든 면과 선을 선택한 다음, 교차 명령을 실행한다. 그리고 불필요한 부분을 지운다.

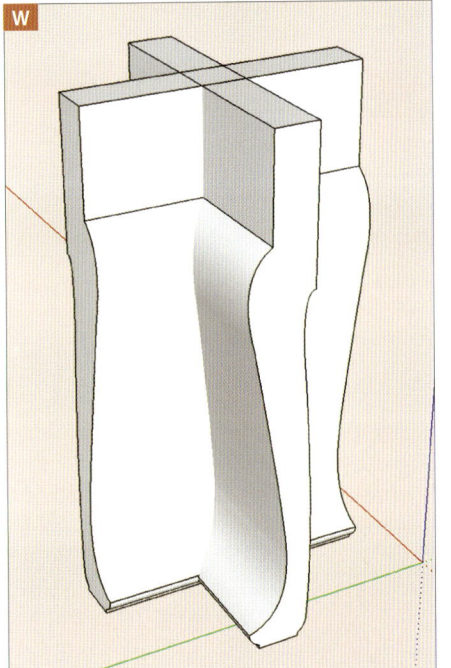
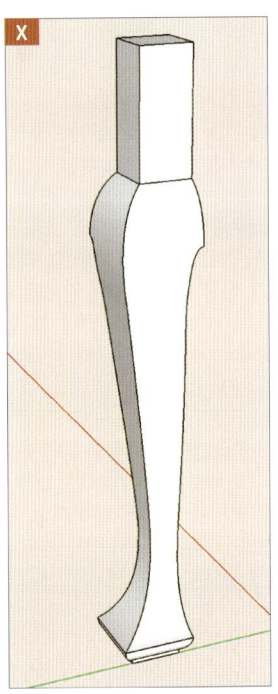

카브리올 다리를 그리려면, 먼저 단면을 그린 다음 두께를 만들어준다. 이것을 복사하고 90° 돌려 다시 원래 다리 모양과 겹쳐준다. 교차 명령을 실행한 다음 불필요한 부분을 지운다. 실제 카브리올 다리는 끝이 둥글지만 이 정도로도 충분히 훌륭하다.

# 8 두 도형으로 복잡한 모양 만들기

## 복합 곡선과 구슬을 쥔 발 모양 만들기

몇 년 전에 문득, 스케치업 Pro로 배 나온 서랍장Bombé Chest을 그려보면 어떨까라는 생각을 했다. 배 나온 서랍장은 앞면과 옆면이 곡선으로 된 전통 가구의 진수이다.

나의 스케치업 스승인 팀 킬른과 데이브 리처드의 도움을 받아 3주 만에 꽤 괜찮은 모델을 만들 수 있었다. 이 모델은 오래된 파인 우드워킹 잡지의 도면을 참고로 한 것이었다.

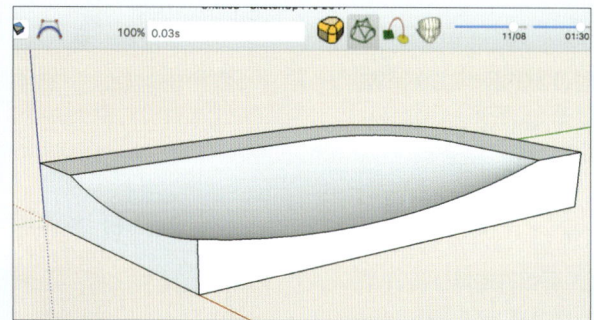

### 복합 곡선

이 모델을 만들면서 처음으로 로프트Lofting* 모델링 플러그인을 써보았다. 플러그인은 스케치업에 별도로 설치하는 프로그램으로 일반적으로 무료이며, 스케치업이 하지 못하는 일을 할 수 있다. (11장에 목공에 유용한 플러그인을 소개했고, 설치 방법도 담았다.)
내 경우는 Curviloft라는 플러그인을 사용해서 여러 가지 방법으로 복합 곡선을 그렸다.

파인 좌판을 만들려면 세 면에 곡선을 그린다(왼쪽). 이 곡선을 이용하여 로프트 플러그인이 곡면을 만들어낸다. 아래는 완성된 좌판이다.

**경로를 따라.** 선 도구와 호 도구를 이용하여 곡선 경로를 만든다. 그리고 경로의 중요 지점마다 원을 그린다. 이제 경로를 따라 두께가 달라지는 곡선 객체를 만들 수 있다. Loft Along Path 명령을 쓰면 서랍 손잡이 같은 부드러운 곡선을 쉽게 만들 수 있다.

**스플라인으로.** 스툴을 위한 가로대를 그려야 한다고 해보자. 이 가로대는 대부분 사각형이지만, 끝부분은 둥글게 좁아져야 한다. Loft Along Spline 명령은 사각형을 원으로 자연스럽게 연결시켜준다.

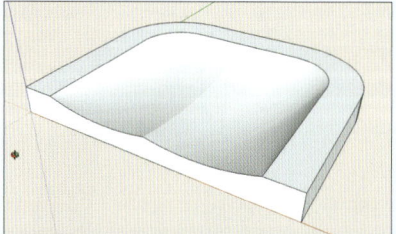

**곡선 윤곽을 따라.** 윈저 의자의 좌판을 모델링한다고 하자. 윈저 의자의 좌판은 엉덩이 모양으로 파여져야 한다. 좌판의 절반을 먼저 그리자. 그리고 위, 앞, 가운데에 원하는 곡선을 그려주자. 로프트 플러그인은 이 곡선으로 실제 끌로 파낸 듯한 곡면을 그림과 같이 만들어줄 것이다.

### 구슬을 쥔 발

배 나온 서랍장을 모델링하는 프로젝트에서 '구슬을 쥔 발' 부분은 내가 많이 기여했다. 발가락의 디테일이 완벽하진 않지만, 충분히 쓸 만한 결과를 만들어냈다. 오른쪽에 있는 그림은 내가 그린 방법을 나타낸다.

먼저 발의 단면을 그리는 것부터 시작한다. 구슬을 제외한 다리와 발톱 부분을 그린다. 구슬은 나중에 따라가기 도구로 만들고, 확대하여 발 크기에 맞출 것이다.

80쪽에 있는 카브리올 다리를 만든 방법대로 이 다리를 만들면 된다. 구슬이 들어갈 곳을 포함해서 필요 없는 부분을 조심스럽게 지운다.

---

\* 기준이 되는 뼈대(와이어프레임)를 만들고, 이를 기준으로 곡면을 만드는 방법.

# 8 두 도형으로 복잡한 모양 만들기

이 모델을 그리는 데 3명이서 3주나 걸렸다. 하지만 그 결과는 배 나온 서랍장의 아름다움을 충분히 잘 보여 준다.

시선을 돌려 발의 아래쪽 부분을 본다. 그래야 구슬이 들어갈 공간의 위쪽을 볼 수 있다. 여기에 서로 교차하는 곡선이 보일 것이다. 이 교점에서 시작하는 파랑 축 방향의 선을 다리 바닥까지 그린다. 이 선을 구슬의 중심선으로 삼아 **따라가기** 도구로 구슬을 그린다.

구슬을 만들었으면, **이동** 도구와 **배율** 도구로 위치를 잡고 크기를 늘려 발톱에 맞게 끼운다.

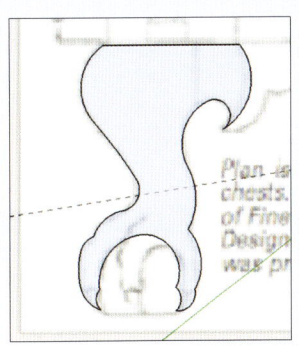

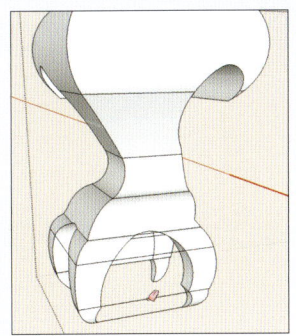

구슬을 쥔 발 모양의 단면을 따라 그린다(왼쪽 끝). 단면에 두께를 주고, 복사하여 교차시킨다. 그리고 필요 없는 부분을 지운다(왼쪽).

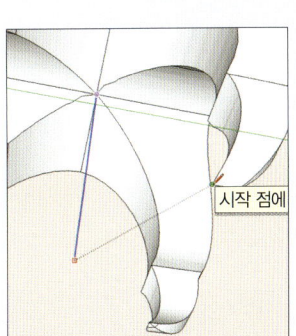

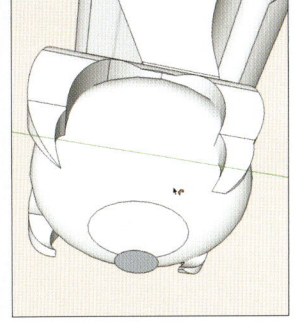

중심에서 시작하는 수직선을 그린다(왼쪽 끝). 이 선을 기준으로 구슬을 그린다(왼쪽).

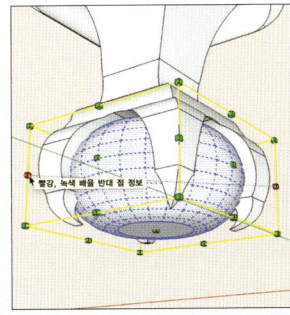

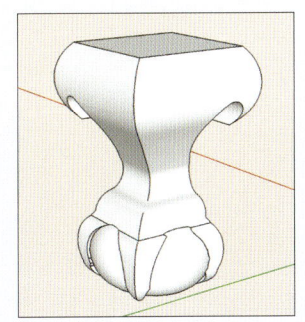

구슬의 배율을 키워 발에 맞춘다(왼쪽 끝). 조금 정리를 하고 나면 완벽한 구슬을 쥔 발 모양이 나타난다(왼쪽).

# CHAPTER 9
# 따라가기 도구 정복하기
## 힘든 일은 스케치업에 시켜라.

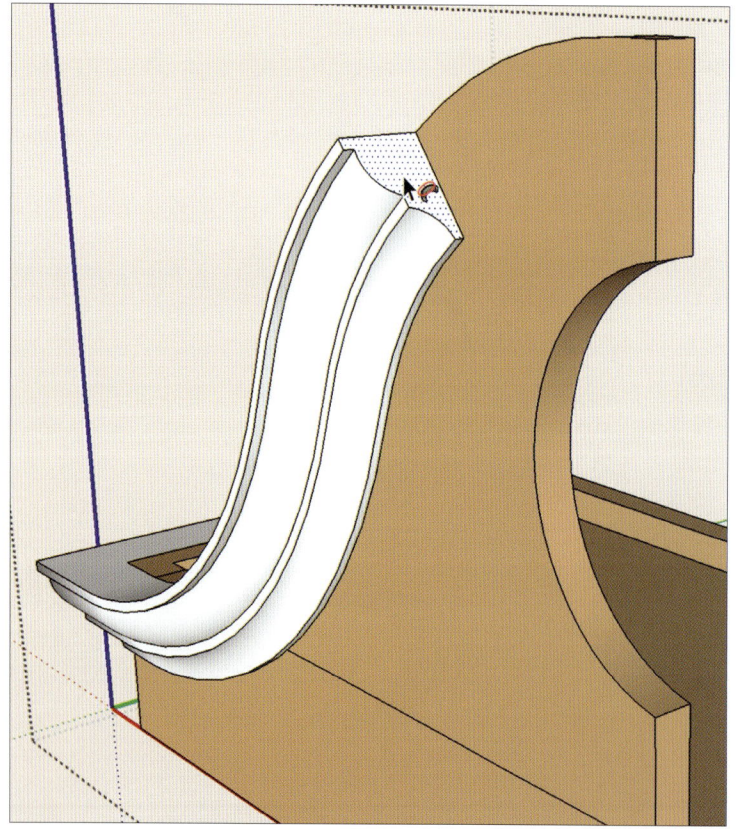

**따라가기** 도구는 선반 가공, 모서리 따기, 몰딩 만들기 등을 할 수 있다. 심지어 그림에 있는 세크리터리* 책상 위에 있는 오리목 몰딩도 만들 수 있다.

* 아래는 서랍, 중간에는 상판을 접는 책상, 위에는 책장과 문짝이 있는 전통 가구.

나는 따라가기가 스케치업에서 가장 멋진 도구라고 생각한다. 따라가기는 어떤 모양을 경로를 따라 사출Extrude하는 도구이다. 만일 경로가 일직선이면 몰딩이 만들어지고, 원이면 그릇이나 손잡이 또는 아름다운 둥근 다리가 만들어진다.

어떤 사람들은 따라가기 도구를 사출 도구라고 부르거나 선반Lathe 도구라 부르기도 한다. 어떤 이름이든 잘만 사용한다면 너무 편한 도구이다.

### 모서리 따기, 둥글리기, 몰딩

모서리를 따고, 둥글리는 것은 따라가기의 응용 예 중에서 가장 쉬운 것이다. 과정은 같다. 단지 사출하는 모양이 다를 뿐이다.

**모서리 따기.** 어떤 것의 모서리를 따려면, 일단 그 부분을 확대해서 보아야 한다. 장부끝의 모서리를 딴다고 해보자. 선 도구로 장부의 끝 쪽에 짧은 대각선을 그려준다. 이 대각선이 모서리에서 따낼 단면이다. 이 짧은 선을 잘 들여다봐야 한다. 만일 정확하게 그리고 싶다면 줄자 도구로 원하는 치수의 안내선을 그린 다음, 단면을 그리면 된다. 아니면 스케치업의 추론 기능을 이용해도 된다. 대각선을 그리기 위해 커서를 움직이다 보면 자홍색으로 바뀔 때가 있다. 이것은 대각선이 만드는 모양이 이등변 삼각형이라는 뜻이다.

# 9 따라가기 도구 정복하기

대각선을 그렸으면, 장부의 마구리면을 더블클릭하여 네 모서리를 선택한다. 그리고 따라가기 도구를 선택하고, 이어서 앞서 그린 대각선이 만든 삼각형 면을 클릭한다. 이게 끝이다. 순식간에 모서리를 따낸 장부가 만들어졌다(A, B).

(강연에서 따라가기 도구를 설명할 때, 이 모서리 따기 시연을 보여주곤 한다. 그럴 때마다 청중들은 감탄하는 소리를 낸다.)

**둥글리기.** 둥글리기를 위해서는 단면을 2점 호 도구로 그리면 된다. 마찬가지로 단면을 잘 보고 정확하게 그려야 한다. 필요하다면 안내선을 그려도 되고, 호가 자홍색으로 바뀌는 추론을 사용해도 된다.

**몰딩.** 가능하면 몰딩은 놓일 자리에 바로 그리는 것이 좋다. 아마 다른 구성 요소도 그렇게 그려왔을 것이다. 오른쪽에 있는 예제 그림은 책장의 둘레에 크라운 몰딩을 붙인 것이다.

책장의 뒤쪽 꼭짓점 하나에서 바깥쪽으로 직사각형을 그린다. 안내선을 이용하든지, 추론을 이용해서 이 직사각형이 책장의 옆면과 직각이 되도록 하자. 만일 직각이 아니라면 몰딩이 삐뚤어지게 나온다.

선과 호 도구로 이 직사각형에 몰딩 단면을 그린다. 불필요한 선과 면을 지우고, 몰딩 단면만 남긴다.

이 단면은 책장 위쪽에 그리는 것이 편하다. 그리고 몰딩 작업을 할 때, 다른 구성 요소의 편집 모드여서는 안 된다. 만일 편집 모드인 상태에서 몰딩을 만들면, 이 몰딩이 그 구성 요소와 엉겨 붙어 떼어낼 수 없게 된다. 경로가 될 3개의 책장 모서리 선을 시프트키를 누른 상태에서 선택한다. 그리고 따라가기 도구를 선택하고 단면을 선택하면 '짠!' 하고 몰딩이 나타난다(C).

모서리 따기를 하려면 따낼 단면인 작은 삼각형을 그린다(오른쪽). 그리고 경로가 될 윗면의 모서리 전체를 선택하고, 따라가기 도구를 선택한 후 단면을 클릭한다(아래). 둥글리기도 같은 방법이다. 단면이 세모가 아니라 호라는 차이가 있을 뿐이다.

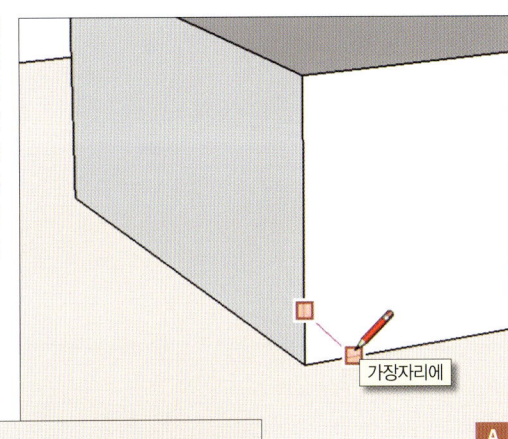

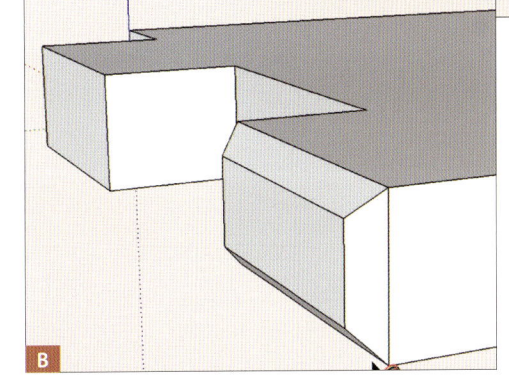

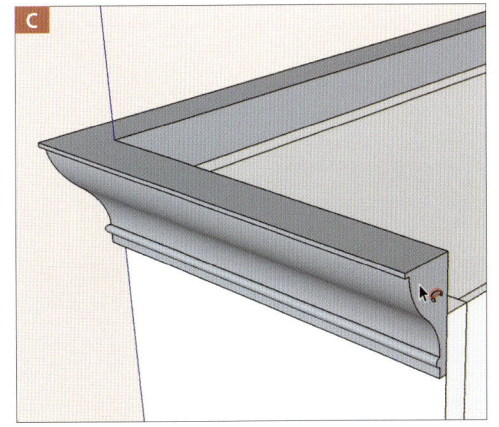

몰딩 단면을 몰딩이 지나갈 모서리와 직각인 직사각형 위에 그린다. 경로가 될 모서리 3개를 선택한 다음, 몰딩 단면을 사출한다. 때로는 만들어진 몰딩의 면을 반전해야 할 수도 있다.

핵심만 추린 목공 스케치업 **85**

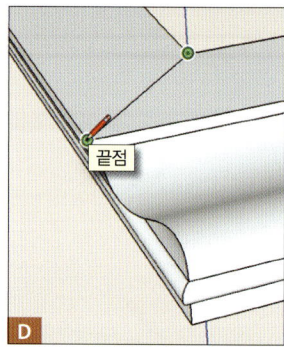
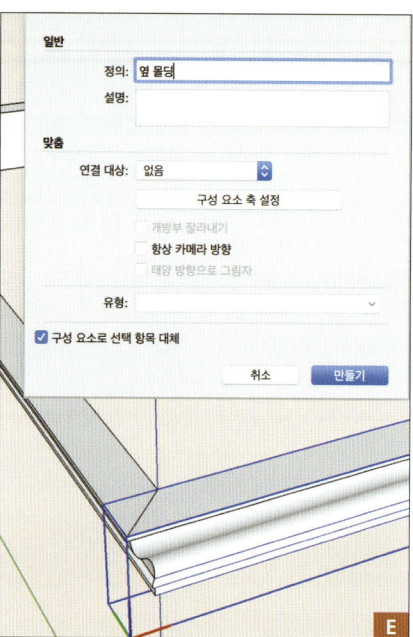

커다란 몰딩 모양을 개별 몰딩 막대로 자르려면, 대각선 방향으로 윗면과 아랫면에 선을 그린다(위 오른쪽). 몰딩의 한 막대 부분을 선택하고, 구성 요소로 만든다(위). 나머지 몰딩 막대도 같은 식으로 작업한다.

이렇게 하면 커다란 U자 모양의 몰딩이 만들어진다. 하지만 현실에서는 이런 몰딩이 없다. 어떤 스케치업 전문가들은 이 정도면 충분하다고 얘기한다. 몰딩 조각을 나누어 연귀 맞춤하는 그림을 그리더라도, 실제로는 별 도움이 되지 않기 때문이다. 어차피 목수들은 이 몰딩을 연귀 맞춤해야 한다는 것을 알고 있다. 그래서 이런 디테일까지 그릴 필요는 없다. 다만 그들에게 중요한 것은 필요한 몰딩의 전체 길이가 얼마인가라는 점이다. 이 길이는 U자 모양의 몰딩에서도 구할 수 있다.

하지만 몰딩 조각을 나누어 그리고 싶다면, 81쪽에 있는 몰딩을 45°로 자르는 방법을 활용하자. 칼날을 만들고 교차시키는 것조차 귀찮다면, 더 빠르게 몰딩을 45°로 자르는 방법이 있다. U자 모양의 몰딩을 만든 다음, 몰딩이 꺾어지는 부분에 대각선으로 윗면과 아랫면에 선을 그려주고 선택 도구로 옆쪽 몰딩의 일부분을 오른쪽에서 왼쪽으로 드래그하여 선택하자. 그리고 이것을 구성 요소로 만든다. 마찬가지로 몰딩의 가운데 부분을 선택하여 구성 요소로 만든다. 남은 옆쪽 몰딩은 지워도 된다. 왜냐하면 첫 번째 몰딩 막대와 같은 모양이기 때문이다. 첫 번째 몰딩 막대를 복사하고 나서 대칭 이동한다. 그리고 제 위치로 움직여 놓는다(D, E).

### 그릇, 화병, 둥근 다리

따라가기 도구는 그릇이나 둥근 테이블 다리처럼 선반 가공물을 만드는 데 최적이다.

차이점이라면 단면이 완성될 작품의 반쪽 모양이어야 한다. 보통 원점에서 시작하여 빨강-파랑 축 평면에 직사각형을 그리는 것으로 시작한다. 그래야 곡선을 쉽게 한 평면 위에 그릴 수 있다.

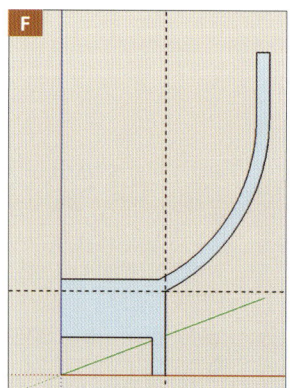
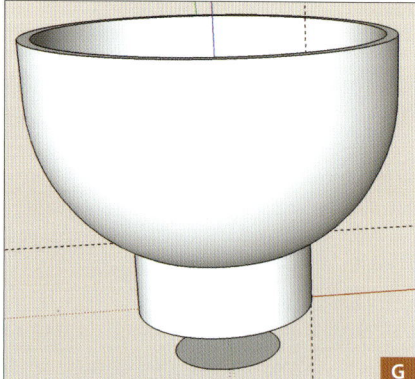

그릇이나 다른 선반 가공 모델을 만들려면, 먼저 최종적인 모양의 절반에 해당하는 단면을 그려야 한다(위 왼쪽). 아래에 원으로 경로를 만들어주고, 따라가기 도구를 선택한 후에 단면을 선택하면 그릇이 만들어진다(위 오른쪽).

그릇 또는 화병의 단면은 안내선을 필요한 만큼 놓고 선이나 2점 호로 그리는 것이 좋다. 다 그렸으면 불필요한 부분은 지운다.

원 도구를 선택한 다음, 48과 엔터키를 쳐서 조각수를 48로 바꾼다. (원의 조각 수가 많을수록 더 부드러운 모양이 만들어진다.) 이제 위 화살표 키를 눌러 파랑 축에 직각인 상태로 만들고, 커서를 원점에 둔 다음, 파랑 축을 따라 아래로 내려 단면에서 좀 떨어진 위치에 원을 그린다. 원을 더블클릭한 다음, 따라가기 도구를 선택하고 단면을 클릭한다. 필요하다면 면을 반전한다(F, G).

## 곡선 경사 다리

따라가기 도구에 쓰이는 경로가 꼭 직선이거나 원일 필요는 없다. 직각으로 만나는 두 선일 수도 있다. 이 경로를 이용하여 경사가 곡선으로 된 다리를 만들 수 있다.

다리의 단면을 만들고, 밀기/끌기 도구로 적당한 두께를 만들어준다. 그리고 곡선이 시작되는 점과 끝나는 점을 나타낼 안내선 2개를 그린다. 이제 2점 호 도구로 두 점을 잇는 곡선을 그린다(H).

이제 시선을 돌려 다리의 바닥을 보자. 시프트키를 누른 상태에서 사선으로 깎을 2면의 아래 모서리를 클릭하여 선택한다. 선택된 두 선이 따라가기 도구의 경로가 된다. 그리고 곡선으로 만들어진 삼각형 모양이 따라가기 도구의 단면이 된다(I).

따라가기가 끝나면 곡선에서 튀어나온 불필요한 선과 면을 깨끗하게 지워준다.

만일 둥근 다리에 곡선 경사를 만들려면 따라가기 도구가 아니라 플러그인이 필요하다. 나는 Curviloft 플러그인(88쪽 참고)의 Loft Along Path 기능을 사용했다. 다리의 형태를 직선과 곡

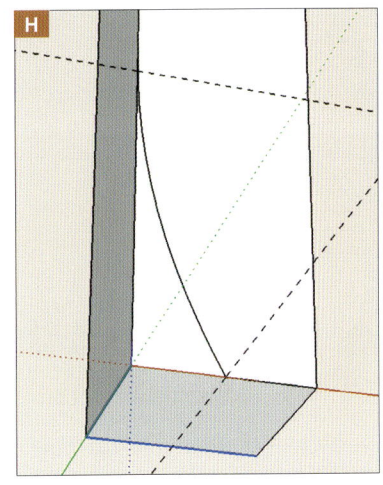 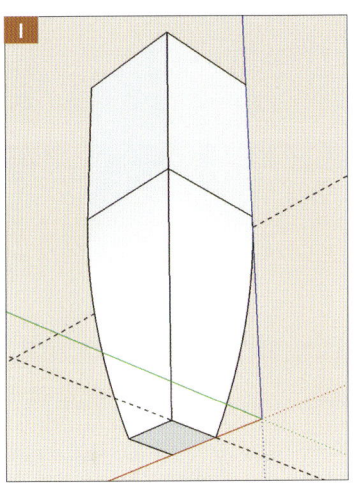

직육면체 다리에서 곡선 경사를 만드는 것은 쉽다. 곡선의 단면을 그린 다음, 곡면이 될 두 면의 아래 모서리를 선택한다(위 왼쪽). 따라가기 도구를 선택한 후 곡선 삼각형을 클릭하면 곡선 경사 다리가 만들어진다(위 오른쪽).

### 모서리를 부드럽게

스케치업에서 당신이 그리는 곡선은 진짜 곡선이 아니다. 짧은 직선의 방향을 조금씩 틀어 곡선처럼 보이게 만든 것이다. 그래서 호를 그리고 이것을 **따라가기**로 사출하여 도형을 만들면, 호의 작은 직선 부위가 그대로 사출되기 때문에 각이 져 보인다. 이 선을 없애는 방법은 세 가지가 있다.

첫째, 지우개 도구를 선택한 후 Ctrl키(맥은 Option)를 누른 상태에서 일일이 선을 클릭하여 숨기는 막노동을 한다.

둘째, 필요한 선과 면들을 모두 선택하고, 오른쪽 버튼을 누른 후 **가장자리 부드럽게/매끄럽게**를 실행한다. 이 명령을 실행하면 **가장자리 부드럽게** 트레이가 나타나는데, 여기에 있는 슬라이더를 약간만 오른쪽으로 민다. 하지만 너무 오른쪽으로 많이 밀면 안된다. 너무 많이 부드럽게 하면, 마치 녹아내린 것처럼 보일 것이다.

셋째, Weld 플러그인(98쪽 참고)을 사용한다. 이 플러그인은 곡선을 이루는 여러 개의 선을 하나의 선으로 만들어준다. 따라서 사출을 해도 어색한 선들이 나타나지 않는다.

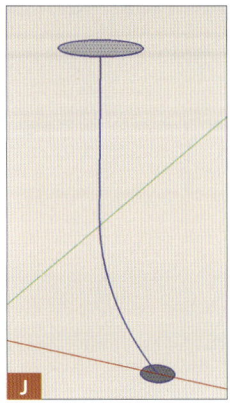 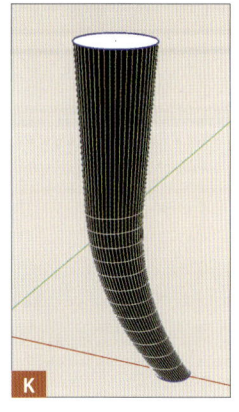 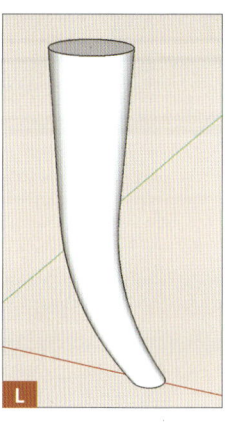

선으로 그려준다. 그리고 경로의 위쪽에는 큰 원을, 아래쪽에는 작은 원을 그려준다(J).

두 원과 그 사이의 경로를 선택한다. 이어서 Loft Along Path 도구를 실행한다. 당신이 만든 도형의 검은색 견본을 볼 수 있을 것이다(K). 다시 한번 클릭하면 확정되어 최종적인 모양이 만들어진다(L).

이 플러그인은 만들어진 도형을 그룹으로 만들어준다. 나는 보통 오른쪽 버튼 후 개체 분해를 실행하고, 다시 구성 요소로 만든다.

휘어진 원통을 그리려면 로프트 플러그인이 필요하다. 경로를 나타내는 곡선과 시작과 끝 모양을 나타내는 원을 그리자(위 왼쪽). 플러그인을 실행하면 만들어질 도형의 견본을 볼 수 있다(위 가운데). 클릭을 하면 도형이 만들어지고 실제 모양을 볼 수 있다(위 오른쪽).

### 세로 홈이 있는 경사 다리 그리기

세로 홈Flute이 있는 경사 다리는 그리기는 어렵지만, 결과는 고생할 만한 가치가 있다. 이것을 그리는 데는 따라가기 도구와 배율 도구만 있으면 된다. 내가 그린 방법을 소개한다.

**세로 홈의 윗면을 먼저.** 먼저 빨강–파랑 평면에 기준이 되면 면을 그린다. 이때 한 모서리는 파랑 축위에 있어야 한다. 이 기준면은 만들고자 하는 다리의 높이와 같아야 하고, 너비는 절반이어야 한다. 기준면에 세로 홈이 시작될 위치와 끝날 위치에 수평선을 그린다. 그리고 경사를 표현할 사선을 그린다. 불필요한 부분을 지우고, 이 기준면을 구성 요소로 만든다(M).

다각형 도구를 선택하고 24s를 입력하여 24각형으로 설정한다. (이것은 24조각의 원과 같은 효과지만, 다각형을 쓰면 정렬에 관련된 몇몇 단계를 쉽게 넘어갈 수 있다.)

다각형의 중심을 기준면의 위 꼭짓점으로 하고, 기준면의 반대 꼭짓점까지 커서를 드래그한다. 이때 Ctrl키(맥은 Option)를 누르면 다각형의 정렬을 바꿀 수 있다(N). 이 키를 통해서 기준면 끝에 다각형의 점이 아니라 선이 닿도록 한다.

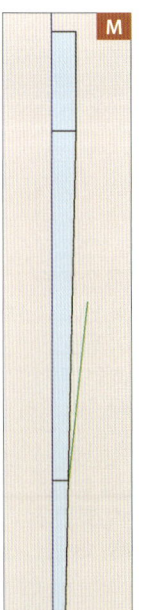 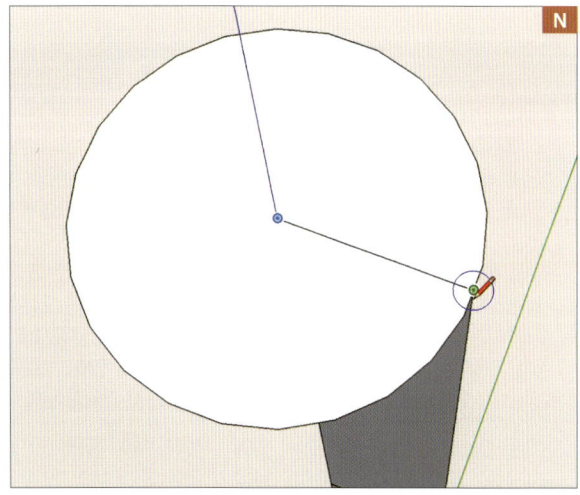

세로 홈이 있는 경사 다리를 만들려면, 기준면을 먼저 그린다(왼쪽). 이 평면은 다리의 부속을 배치하는 데 도움을 준다. 꼭대기에 24조각을 가진 원을 기준면의 끝에 맞추어 그린다.

밀기/끌기 도구를 사용하여 이 다각형을 세로 홈이 시작되는 선까지 내린다.

원통 전체를 선택한 다음, 오른쪽 버튼 후 가장자리 부드럽게/매끄럽게를 실행한다. 하지만 여전히 이 선이 필요하므로, 보기>숨겨진 도형 메뉴를 선택하자. 그러면 점선이 나타난다. 이 점선을 기준으로 세로 홈을 그릴 것이다(O).

기준면과 만나는 원통의 세로 면을 찾아보자. 여기에 2점 호 도구로 이 세로 면 제일 위에 단면이 될 반원을 그린다. 이제 경로를 그릴 차례이다. 줄자 도구를 이용하여 기준면 모서리와 겹치는 세로 안내선을 그리자. 원통의 윗면보다 조금 더 위에 윗면과 평행한 24각형을 다각형 도구로 그린다. 위 화살표를 누르면 편하다. 그리고 크기는 아무래도 상관없다. 아까 했던 것처럼 Ctrl키(맥은 Option)를 눌러 다각형을 정렬한다.

줄자 도구를 이용하여 세로 면의 위 모서리를 끌어당겨 방금 그린 다각형에 중심을 지나는 안내선을 그린다. 이 안내선을 따라 선을 그려 원을 반으로 자르고 바깥쪽 반원 부분을 지워 호만 남긴다(P).

이제 원통과 위에 있는 호를 구성 요소로 만들자. 이것을 복사해서 약간 떨어진 곳에 둔 다음, 배율 도구로 100배 크게 만든다. 이제 복사본의 편집 모드로 들어간다.

호를 선택한 다음, 따라가기 도구를 선택하고 세로 면에 그린 반원을 선택한다. 그러면 세로 홈의 끝부분이 그려진다. 이 세로 홈 끝부분을 선택 도구로 왼쪽에서 오른쪽으로 드래그하여 선택한다. 그리고 회전 도구로 30° 회전하여 복사한 후 *11을 입력하면 원통 전체에 일정 간격으로 홈이 생긴다. 이제 모든 홈에서 불필요한 선과 면을 지운다(Q).

이제 뻥튀기한 복사본을 지우고, 범위 확대/축소

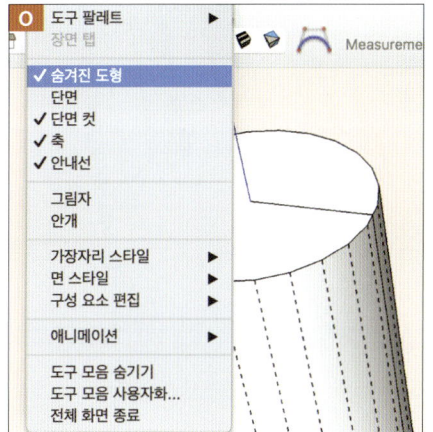
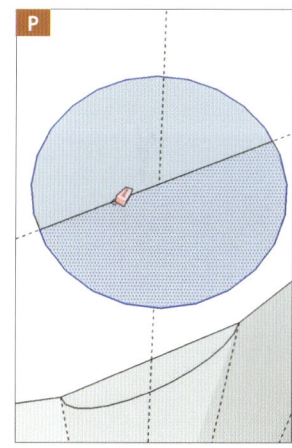

원통을 만든 다음 **숨겨진 도형** 보기를 선택한다(위 왼쪽) 이렇게 하면 세로 홈이 놓일 위치를 잡는 데 도움이 된다. 세로 면 하나에 단면이 될 반원을 그리고 위쪽에 경로가 될 반원을 그린다(위 오른쪽).

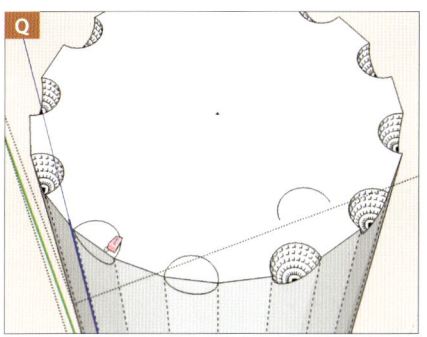
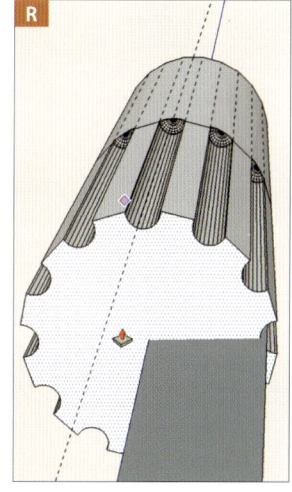

원통을 뻥튀기한다. 따라가기 도구로 반구 모양을 파낸 다음, 이것을 복사하여 원통 둘레에 일정 간격으로 배치한다(위). 윗면에 만들어진 모양을 이용하여 세로 홈의 길이를 늘린다(오른쪽).

를 실행하여 원본으로 돌아간다. 오른쪽 버튼을 클릭 후, 대칭 이동>구성 요소의 파랑을 선택하여 세로 홈의 끝부분이 아래로 내려게 방향을 바꾼다(R).

# 9 따라가기 도구 정복하기

배율 도구를 이용하여 세로 홈의 바닥 면을 축소하여 기준면의 아래 선에 맞춘다(위). 위에 있는 원통 모양을 복사하여 아래 모양으로 사용한다. 길이를 맞추고 배율을 조절하여 세로 홈을 맞춘다(가운데). 정확한 배율을 맞추기 위해 수치를 입력한다(아래).

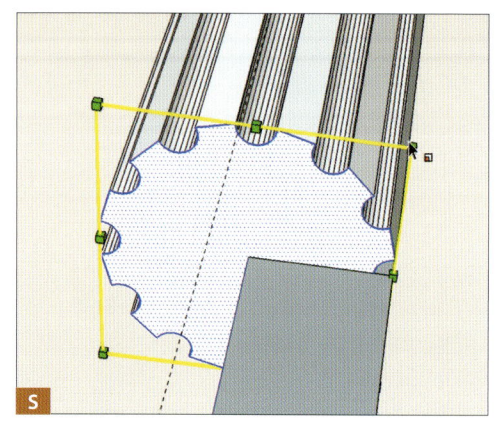

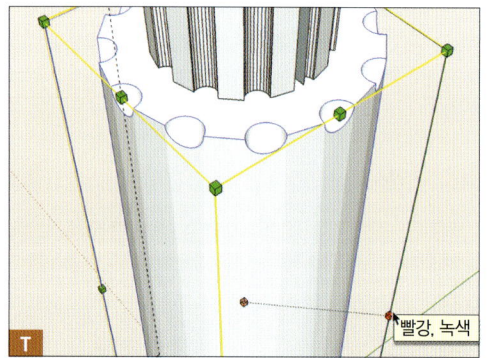

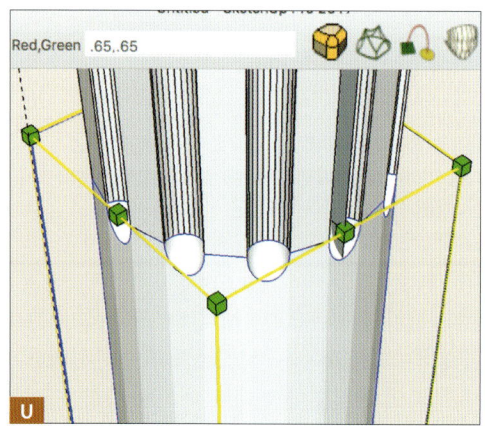

**세로 홈의 길이 방향 만들기.** 원통의 구성 요소 편집 모드로 들어가 아래쪽을 본다. 바닥면을 더블클릭하여 선택한 뒤, Ctrl+C로 복사한다. 구성 요소 편집 모드에서 빠져나와 편집>특정 위치에 붙여넣기를 실행한다. 밀기/끌기 도구로 기준면의 아래 선까지 늘린다. 여기가 세로 홈이 끝날 지점이다.

새로 만든 모양을 구성 요소로 만들고, 편집 모드로 들어간다. 그리고 아래쪽을 본다. 그리고 바닥면을 클릭하여 선택한다.

이제 배율 도구를 선택한다. 여기서 꼭짓점에 있는 초록 손잡이에 커서를 댄다. 균일 배율 반대점 정보Uniform Scale about Opposite Point라는 말풍선이 나타날 것이다. Ctrl키(맥은 Option)를 누르고 있으면, 균일 배열 중심 정보Uniform Scale about Center로 말풍선이 바뀔 것이다. 이제 손잡이를 중심 쪽으로 이동시킨다. 도형의 모양이 기준면에 닿을 때까지 줄이면 된다. 이때 측정 상자를 보고 그 수치를 적어둔다. 나중에 필요하다. 다시 클릭하면 모양이 결정된다(S).

**아랫부분 모양 만들기.** 세로 홈 끝부분이 있는 원통 모양을 복사하여 다리 아래쪽으로 이동한다. 이 원통을 기준면의 아래 선에 맞추면 된다.

그리고 파랑 축을 기준으로 대칭 이동을 실행한다. 이어서 오른쪽 버튼 클릭 후, 고유하게 지정을 선택한다. 만일 이 과정을 빠뜨리면, 위쪽 원통 모양도 같이 바뀌니까 조심하자.

이제 복사한 원통의 편집 모드로 들어가 밀기/끌기 도구로 바닥면을 움직여 기준면의 끝에 맞춘다.

이제 배율 도구를 선택한 후 이 구성 요소를 클릭한다. 말풍선에 빨강, 녹색 배율 반대점 정보Red, Green Scale about Opposite Point 말풍선이 나오는 원통의 세로 모서리 가운데 손잡이를 움직인다. 이때 Ctrl키

(맥은 Option)를 누른 상태여야 하며, 적당히 중심부로 커서를 움직여 크기를 줄인 다음 클릭한다. 이제 아까 적어 두었던 배율 숫자를 쉼표로 구분하여 두 번 써 넣는다. 예를 들어 0.65,0.65 같은 식이다. 이렇게 하면 원통의 끝에 있는 반구 모양이 세로 홈의 모양과 딱 들어맞는다(T, U).

마지막으로 다리의 바닥을 본다. 구성 요소 편집 모드로 들어간 뒤, 바닥면을 선택한다. 배율 도구를 선택하고 꼭짓점에 있는 손잡이를 Ctrl(맥은 Option)키를 누른 상태에서 중심 쪽으로 움직인다. 기준면 아래 선과 맞추면 모양은 다 만든 셈이다.

**마무리와 정리.** 다리의 구성 요소 중 하나를 잠깐 숨겨, 기준면이 보이면 그것을 지운다. 그리고 다시 숨긴 다리를 보이게 한다. 다리 전체를 드래그하여 선택한 다음에 오른쪽 버튼 후 개체 분해를 실행한다. 아직 모든 것이 선택된 상태에서 오른쪽 버튼 클릭 후 가장자리 부드럽게/매끄럽게를 실행한다. 가장자리 부드럽게 트레이에서 슬라이더(법선 간 각도)를 조절하여 불필요한 선을 제거한다(V).

아직도 세로 홈의 위와 아랫부분을 수작업으로 선을 부드럽게 만들어야 한다. 지우개 도구를 선택한 후 Ctrl(맥은 Option)키를 누른 상태에서 불필요한 선을 클릭하면 숨겨진다. 단순 노동이 끝났으면, 전체를 선택한 후에 구성 요소로 만든다(W).

다리의 아랫부분에 대해서는 다른 방법으로 만들 수 있다. 다리 윗부분을 복사해와서 수정하는 대신, 다리 윗부분을 만드는 것과 같은 방법으로 크기를 맞추어놓고, 선반 가공 후 반구 홈을 파면 세로 홈을 정렬하기 더 쉽다.

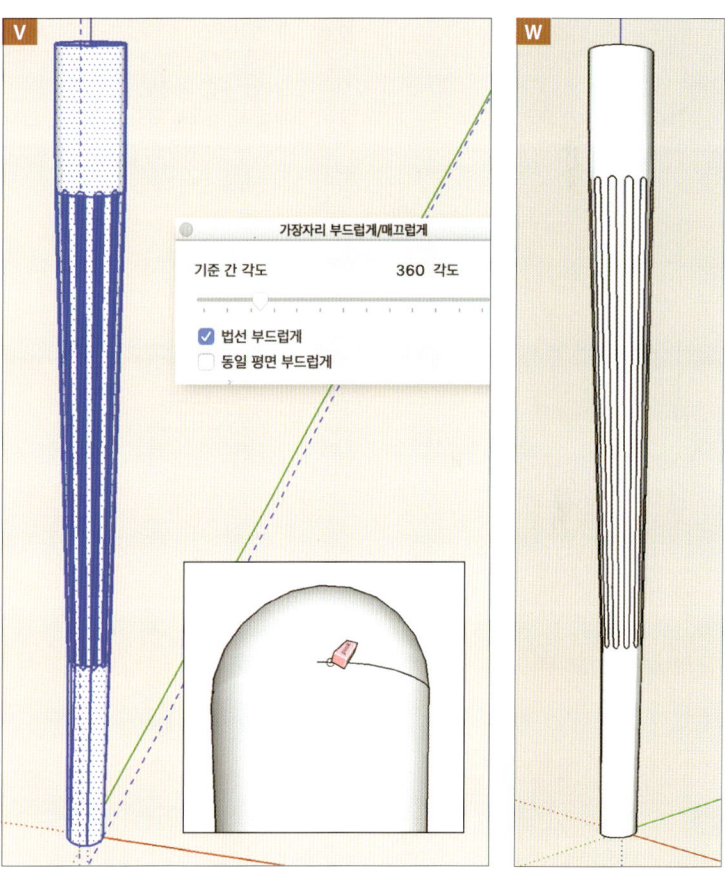

다리 모양이 완벽하게 만들어지면, 가장자리 부드럽게/매끄럽게 기능을 실행하여 보고 싶지 않은 선들을 없애준다. 하지만 여전히 당신 손으로 직접 처리해야 할 것이 남아 있다. 세로 홈 끝부분의 선들은 지우개로 직접 지워준다(위 오른쪽). 완성된 다리는 오른쪽 그림과 같다.

## 꽃 모양 경사 다리 만들기

이 기술은 스케치업 도사 데이브 리처드가 나한테 가르쳐준 것이다. 여기서 소개하는 기법은 실제 데이브가 하는 방식을 간소화한 버전이다.

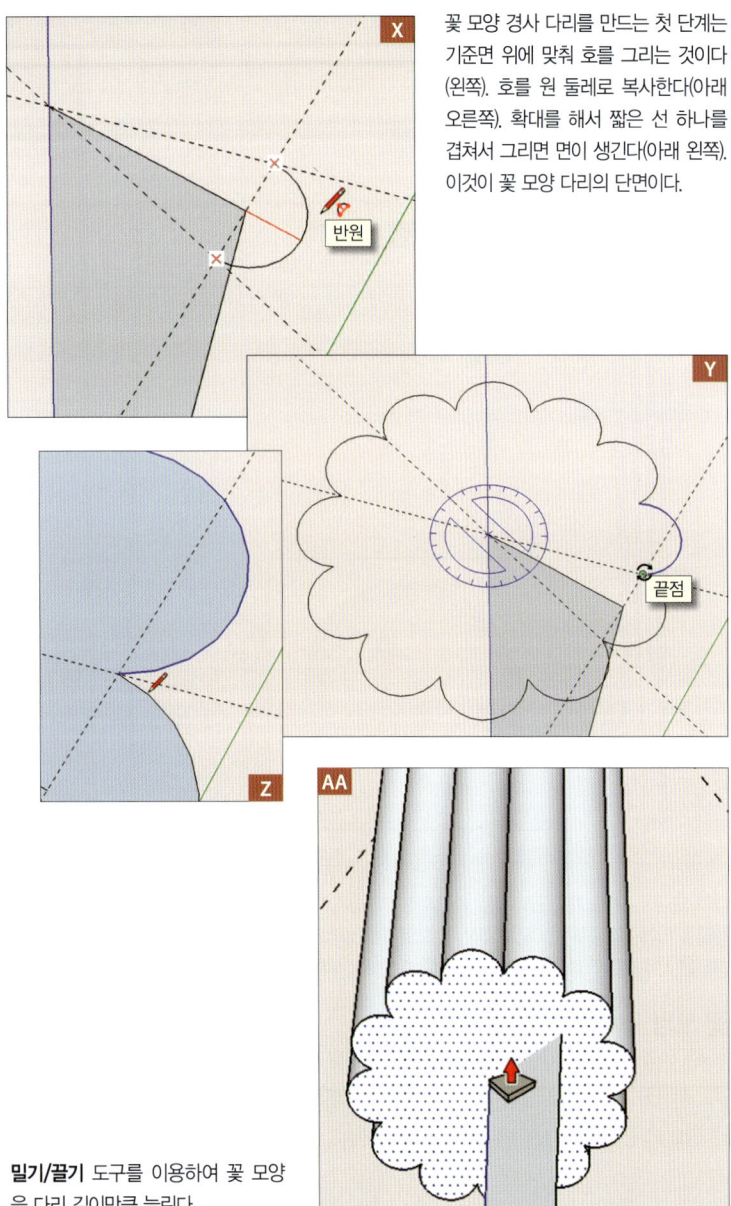

꽃 모양 경사 다리를 만드는 첫 단계는 기준면 위에 맞춰 호를 그리는 것이다 (왼쪽). 호를 원 둘레로 복사한다(아래 오른쪽). 확대를 해서 짧은 선 하나를 겹쳐서 그리면 면이 생긴다(아래 왼쪽). 이것이 꽃 모양 다리의 단면이다.

밀기/끌기 도구를 이용하여 꽃 모양을 다리 길이만큼 늘린다.

**꽃 모양 그리기.** 세로 홈 다리와 비슷하게, 먼저 기준면을 그리고 구성 요소로 만든다. 기준면은 두 부분으로 나누는데, 위는 꽃 모양이 들어갈 부분이고 전체적으로 경사져 있다.

 기준면의 위쪽을 작업공간에 보이도록 한다. 각도기 도구로 기준면의 왼쪽 꼭짓점을 클릭하여 중심으로 삼고 기준면을 중심으로 양쪽 15°의 안내선 2개를 그린다. 그리고 초록 축과 평행한 안내선을 기준면의 오른쪽 꼭짓점이 지나도록 그린다.

 2점 호 도구로 안내선이 만나는 두 교점을 지나는 반원을 그린다**(X)**.

 회전 도구로 호를 30° 시계 반대방향으로 회전한다. 그리고 바로 *11을 입력하여 호로 원을 만든다 **(Y)**. 확대를 해서 호를 이루는 짧은 선 하나를 겹쳐서 그려준다. 그러면 면이 생길 것이다**(Z)**.

 밀기/끌기 도구로 꽃 모양을 기준면의 아랫선까지 늘린다**(AA)**.

 이제 꽃 모양 기둥의 아래 면을 본다. 이 면을 선택한 다음 배율 도구를 선택하고 꼭짓점 손잡이를 Ctrl키(맥은 Option)를 누른 상태로 중심을 유지하면서 크기를 줄인다. 꽃 모양의 끝이 기준면의 끝에 닿도록 크기를 줄이면 된다**(BB)**.

 꽃 모양 부분을 선택하여 구성 요소로 만든다.

**꽃 모양 위 반구 만들기.** 꽃 모양 구성 요소를 편집 모드로 열자. 그중 한 꽃잎은 빨강 축이 가로지르는 방향일 것이다. 그것을 찾아서 꽃잎의 양 끝을 선으로 연결한다. 줄자 도구로 이 선에서 안내선을 위로 올려 하나 만든다.

 안내선에 중심을 둔 원을 그리는데, 초록 축에 수직이 되게 그려야 한다. 원의 크기는 중요하지 않지만 커서를 파랑 축 방향으로 올려야 한다. 원을 선택한 다음 회전 도구로 7.5도 돌린다.* 그리고 원 위에 중심을 지나는 파랑 축 방향과 빨강 축 방향의 선을 그린다. 그러면 원이 4등분 될 것이다. 이제 1사분면에 있는 호만 남기고 모두 지운다(**CC, DD**).

구성 요소를 복사한 다음 100배로 뻥튀기자. 이 복사본에서 호를 클릭하고 따라가기 도구를 선택한 다음 선을 그렸던 꽃잎의 면을 클릭하자. 그러면 반구가 나타날 것이다. 필요하다면 이 반구의 면을 반전시킨다(**EE**). 반구를 선택한 다음 회전 도구로 30° 회전한다. *11을 입력하여 한 바퀴 돌린다(**FF**).

이제 복사본을 지우고, 범위 확대/축소 도구로 원래 구성 요소로 돌아온다. 구성 요소 편집 모드에서 빠져 나온다.

**위에 기둥 세우기.** 꽃 모양 상단 중심에서 꽃잎에 닿는 크기로 원을 그린다. 커서를 꽃잎 아래 점으로 가져다 대면 일치하는 원이 그려진다. 밀기/끌기 도구로 원을 꽃 모양 약간 위까지 끌어올린다. 이 모양이 다리 윗부분이다(**GG**). 꽃 모양 위의 불필요한 선을 지우개 도구로 지운다. Ctrl(맥은 Option) 키를 누른 상태에서 필요 없는 선을 클릭한다(**HH**).

**발 만들기.** 기준면의 아랫부분을 선택한 다음, 따라가기의 단면으로 쓰기 위해 복사한다. 기준면 구성 요소 편집 모드에서 나온 후 편집>특정 위치에 붙여넣기를 실행해서 다시 그 모양을 불러온다. 기준면 아래에 경로로 쓸 원을 하나 그린다. 그리고 따라가기 도구를 이용하여 단면을 원 경로로 돌려 아랫부분을 만든다. 필요하다면 면을 반전하고, 아랫부분을 구성 요소로 만든다(**II**).

기준면을 지우고, 모든 다리 구성 요소를 개체 분해한 뒤 다시 하나의 구성 요소로 만든다(**JJ**).

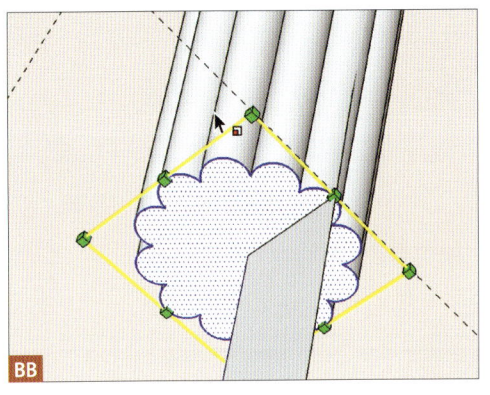

꽃 모양 기둥의 바닥 면을 배율 도구로 축소한다. 바닥 면을 기준면의 모서리에 맞추면 된다.

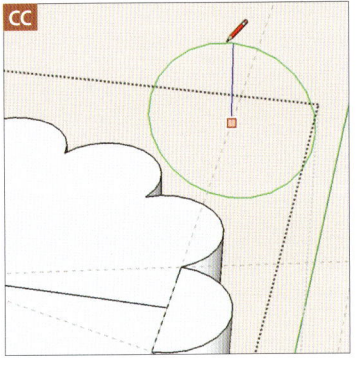

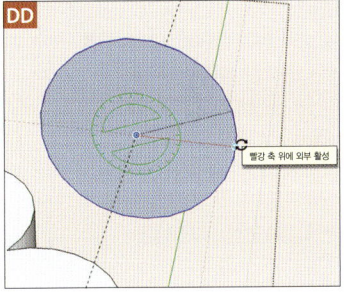

꽃 모양의 상단부로 시선을 옮기자. 반원을 닫는 짧은 직선을 하나 그리고, 위에 그 선과 수직 방향의 원을 그린다(위 왼쪽). 1사분면의 호만 남기고 원의 나머지를 모두 지운다. 이 호를 경로로 사용하여 반원 단면을 따라가기 도구로 사출한다. 그러면 둥근 꽃 모양 머리가 만들어진다(왼쪽).

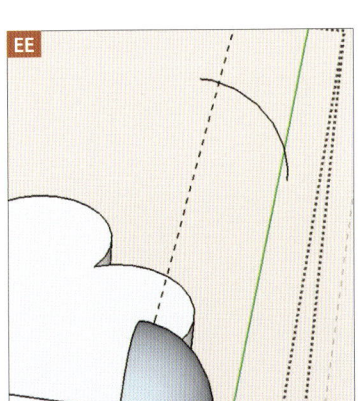

* 이것은 24각형으로 표현되는 원의 짧은 선 가운데가 빨강/파랑 축을 지나도록 하기 위함이다. 원의 꼭짓점이 지나면 제대로 그려지지 않는다. 이것은 따라가기를 할 때 단면과 경로의 첫 조각이 직각이어야 한다는 스케치업의 규칙 때문이다.

# 9 따라가기 도구 정복하기

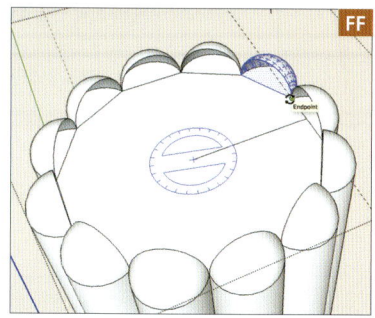
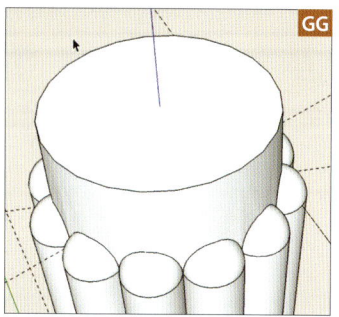

튀어나온 반구를 복사하여 원 주위로 돌린다(왼쪽). 그리고 윗면에 맞는 원을 그린 다음, 끌어올려 다리의 윗부분을 만든다(오른쪽).

꽃 모양 위쪽 반구에 그어진 선은 손으로 일일이 지워줘야 한다(왼쪽). 기준면의 아래 영역을 따라가기 도구의 단면으로 사용하여 다리 아래 모양을 만든다(아래 오른쪽). 오른쪽 끝이 완성된 다리이다.

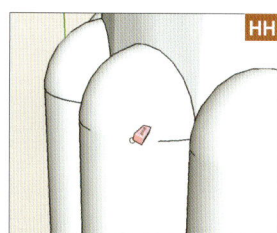
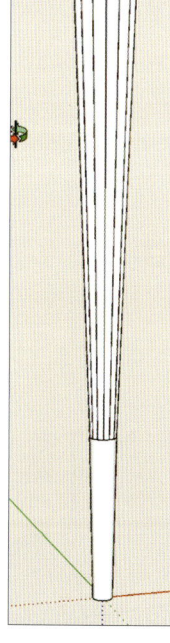
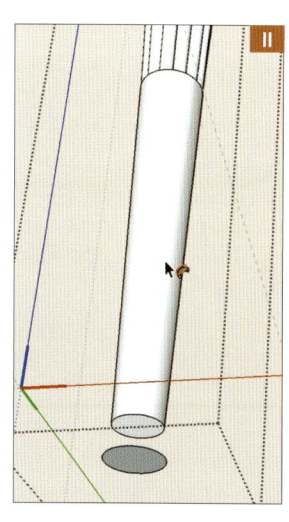

## 방심하면 당하는 두 가지 함정

대부분의 경우 따라가기 도구는 잘 동작한다. 하지만 두 가지 상황에서는 뭔가 손을 봐야 원하는 결과를 낼 수 있다.

**경로가 유사 곡선일 때.** 따라가기 도구는 단면이 곡선 경로의 첫 조각과 직각이 되어야만 제대로 동작한다(**KK, LL**).

2점 호 도구로 경로를 그려보자. 그리고 카메라>표준 뷰>맨 위 메뉴로 시점을 바꿔보자. 그리고 따라가기 도구가 사출을 시작할 경로의 끝부분을 확대하여 들여다보자. 스케치업은 곡선을 짧은 직선으로 표현함을 볼 수 있다. 줄자 도구로 끝 선과 겹치는 안내선을 그린다. 그리고 선 도구로 호의 끝점을 클릭하여 시작하는 선을 그린다. 커서를 먼저 끝 선 위에 잠깐 두었다가* 수직 방향으로 옮겨본다. 그러면 선의 색깔이 자홍색으로 바뀌면서 '가장자리에 수직Perpendicular to Edge'이라는 말풍선이 나타난다. 거기에 선을 그린다. 길이는 중요치 않다(**MM**).

작업하기 좋은 투시 시점으로 바꾼 뒤, 아까 그린 선 위에 적당한 도형을 세워 그린다. 이 도형을 따라가기 도구의 단면으로 사용한다(**NN**).

선택 도구로 경로가 될 호의 전체를 선택한다. 범위로 선택하거나 시프트키를 누른 상태에서 필요한 선들을 클릭한다. 따라가기 도구를 선택한 후에 단면을 클릭하면 몰딩 모양이 만들어진다.

몰딩의 끝부분을 정리하려면 칼날을 만들어 주면 된다. 모든 도형을 선택한 후 교차 명령을 실행한다. 그리고 필요 없는 부분을 지우면 완성이다.

---

\* 이것은 스케치업에 이 선을 기준으로 추론을 제공해달라고 요청하는 행동이다.

**도형이 작을 때.** 83쪽의 배 나온 서랍장을 그릴 때, 서랍의 둘레를 따라 둥근 장식선Cockbead을 그려 넣으려고 했다. 하지만 따라가기 도구로 그리면, 많은 면이 누락되곤 했다. 이것은 스케치업이 작은 영역을 잘 채우지 못하기 때문에 발생하는 현상이다(OO).

이 문제를 해결하려면 세로 홈 사선 다리에서 소개했던 뻥튀기 기술을 사용하면 된다. 구성 요소를 복사한 다음, 배율 도구로 100배 또는 1,000배 크게 만든다. 그리고 나서 따라가기 도구를 사용하면 면이 누락되는 현상이 없어진다. 작업이 마음에 든다면, 뻥튀기 복사본은 그냥 지우면 된다.

### 배운 것 정리

이 장에서는 따라가기 도구로 모서리 따기, 둥글리기, 몰딩 만들기를 해보았다. 그리고 다리의 인접한 2면에 곡선 경사를 주는 방법도 배웠고, 두 가지 형태의 경사 다리도 만들어보았다. 또한 제대로 된 따라가기를 위해서 곡선 경로에 단면을 배치하는 방법도 배웠다.

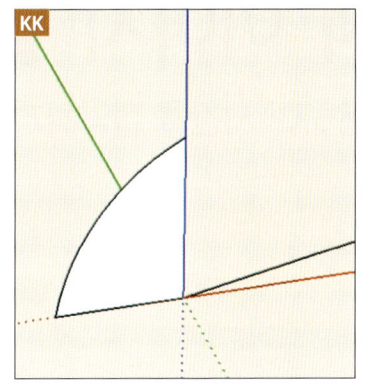
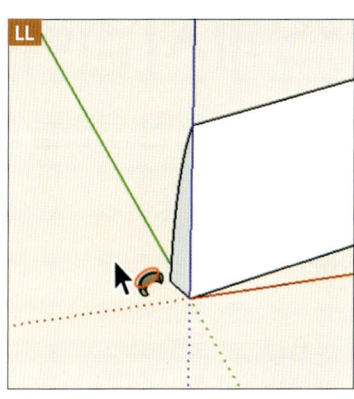

**따라가기** 도구에서 사용할 단면과 경로가 제대로 정렬되지 않으면, 단면의 사출 결과는 예상과 달라진다. 단면이 경로의 시작과 수직이어야 함을 명심하자. 스케치업의 말풍선이 수직 여부를 알려줄 것이다(아래).

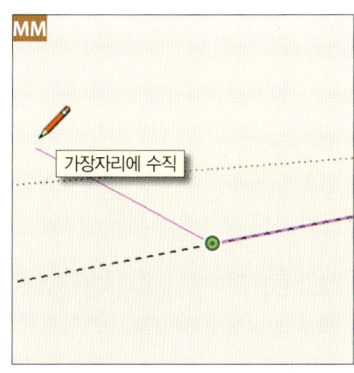
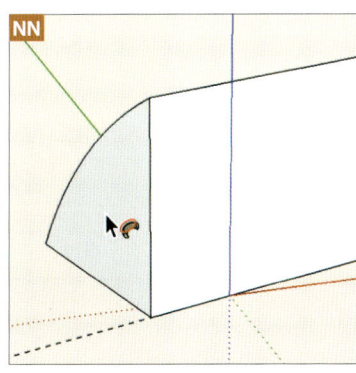
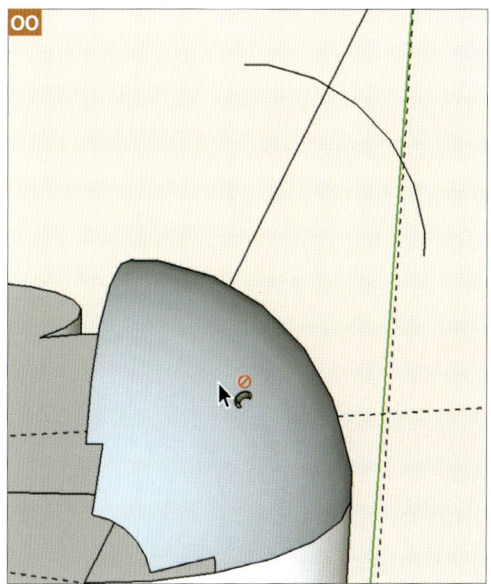

꽃 모양 윗부분과 같은 작은 단면을 사출하려다 보면, 면이 빠지는 경우가 종종 생긴다. 작업물을 크게 키워서 사출하면 이런 문제를 해결할 수 있다.

# CHAPTER 10
# 스케치업에서 이미지 활용하기
이미 만들어진 도면을 활용하여 시간을 절약하자.

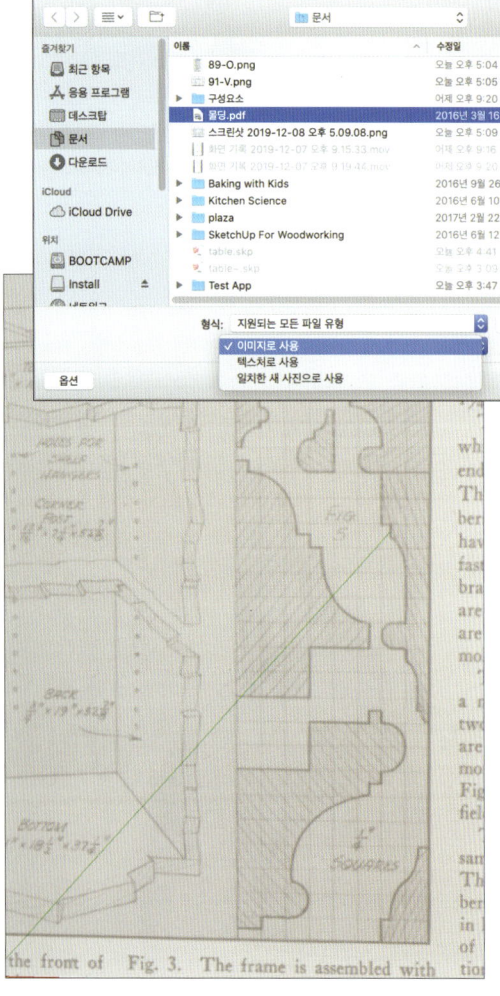

스케치업은 일반적인 형식의 이미지 파일을 불러들일 수 있다. Lester Margon이 쓴 *American Furniture Treasures*의 한 부분을 스캔한 이미지를 사용했다. 여기에 있는 몰딩 단면을 트레이싱 할 것이다.

나는 스케치업이 이미지를 다루는 능력을 매우 좋아한다. 내가 그린 대부분의 가구 모델은 목공 사이트나 경매 사이트 같은 인터넷에서 본 가구를 재현한 것이다. 이를 위해서 가구의 사진을 트레이싱*하여 필요한 구성 요소를 만들었다.

이미지를 사용하는 방법은 두 가지가 더 있다. 실제 같은 나뭇결 이미지를 불러들여 구성 요소의 표면에 텍스처로 입힐 수 있다. 또는 사진을 불러들여 사진의 투시 각도와 맞게 스케치업의 축을 조절하여, 사진을 기준으로 3D 모델을 만들 수도 있다.

### 불러들인 이미지 사용하는 법

스케치업에서 이미지 파일을 불러들이면 세 가지 방법으로 활용할 수 있다. 이미지 그 자체로 사용하거나, 텍스처로 사용하거나, 3D 모델의 기준으로 사용하거나이다. 먼저 이미지 그 자체로 쓰는 법에 대해 알아보자.

당신이 오래된 책에 있는 도면을 이용하여 전통 가구를 모델링한다고 하자. 이 도면에는 정밀하게 재현하고 싶은 몰딩의 단면도 있다.

도면을 사진으로 찍거나 스캔하여, JPG, TIFF, PNG 같은 표준 이미지 파일로 저장한다.

새 스케치업 파일을 만들고, 앞에서 바라보도록 (카메라>표준 뷰>전방) 시선을 돌린다. 이미지를

* 밑그림을 따라 그리는 기법.

불러오기 위해 파일>가져오기|Import 메뉴를 실행하자. 그러면 이미지 파일을 찾을 수 있는 탐색창과 어떤 방식으로 가져올 건지 정하는 선택이 나온다. 아랫부분에 보면 가져올 파일의 형식을 선택하는 상자가 있다(A). 여기서 읽을 이미지 파일의 형식을 정하고, 불러들일 이미지 파일을 찾아 선택한다. 그리고 이미지 사용 방법은 이미지 |Use as Image를 선택한다. 이제 가져오기 버튼을 누른다.

스케치업 작업공간에 이미지가 나타나면, 먼저 원점을 클릭하여 이미지의 위치를 고정한다. 그리고 커서를 오른쪽으로 움직여 크기를 정한다. 다시 클릭하면 이미지가 자리를 잡는다.

이미지로 작업을 하려면 먼저 배율을 정확하게 맞춰야 한다. 이를 위해 줄자 도구(배율 도구가 아니라)를 사용한다. 만일 불러들인 이미지에 치수가 적혀 있거나, 혹은 그 치수를 알고 있다면 그 시작 위치에 안내선을 배치한다. 그리고 끝 위치에서 안내선을 놓는다. 이제 줄자 도구로 첫 번째 안내선을 클릭한 후, Ctrl키(맥은 Option)를 누른 상태에서 두 번째 안내선으로 커서를 옮긴 후 다시 클릭한다. 그리고 이 두 안내선 사이의 정확한 치수를 입력하고 엔터키를 친다. 그러면 '모델의 크기를 변경하시겠습니까?'라고 물을 것이다. 그러면 '예'를 클릭한다(B, C, D).

만일 이미지가 너무 작아졌거나 너무 커졌다면 범위 확대/축소 도구로 작업공간에 맞춘다. 직선이나 교점을 표현하기 위해 필요한 안내선을 더 추가한 후, 선 도구와 2점 호 도구로 이미지 위에 트레이싱한다(E).

때로는 이미지에 겹쳐 직사각형을 그려놓는 것이 도움이 될 수도 있다. 그러면 선이나 호를 이미지 위에 쉽고 정확하게 놓을 수 있다. 하지만 직사각

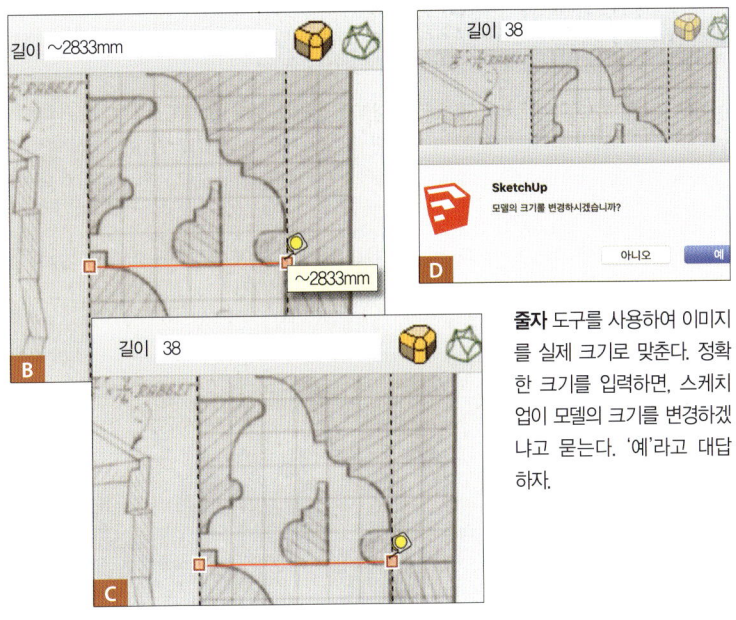

**줄자** 도구를 사용하여 이미지를 실제 크기로 맞춘다. 정확한 크기를 입력하면, 스케치업이 모델의 크기를 변경하겠냐고 묻는다. '예'라고 대답하자.

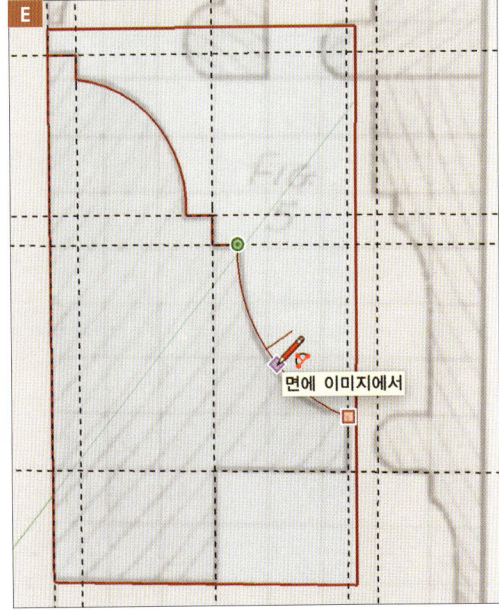

이미지의 크기를 변경했다면, 이제 트레이싱할 준비가 되었다. 여기서는 트레이싱한 선이 더 잘 보이도록 선을 빨간색으로 바꾸었다.

## 시차에 주의할 것

인터넷에서 찾은 이미지를 불러들여 작업할 때에는 되도록 정면에서 찍은 사진을 찾아 사용하는 것이 좋다. 카메라의 각도가 약간 틀어지면, 그 이미지는 시차(視差)를 가지게 된다. 시차는 실제로는 평행선인데 두 선이 만나는 것처럼 보이는 현상을 말한다.

아래의 시계를 트레이싱한다고 해보자. 나는 이 시계의 아름다운 사진을 가지고 있었다. 하지만 개별 부속들을 트레이싱하면서 약간의 시차 문제를 경험하게 되었다. 내가 그린 부속들이 옆의 부속들과 딱딱 들어맞지 않는 문제가 생기는 것이었다. 그래서 계속 미세 조정을 해야 했다. 나중에는 결국 완성하긴 했지만 이 시계를 모델링하는 데 걸린 시간은 예상을 많이 초과했다.

당신이 시차 문제를 만나게 되어서 이미지를 정확하게 트레이싱할 수 없다면, 다음과 같이 해보라.

이미지에서 가로 부속의 정확한 너비를 나타내는 안내선을 2개 그리자. 그리고 그 중앙 위치에 안내선을 하나 더 그린다. 그리고 실제 트레이싱은 중앙에서 시작하여 한쪽 선까지 절반만 한다.

하나의 객체에 대해 정확한 너비를 결정했다면, 이제 다른 객체로 넘어간다. 이런 식으로 너비를 먼저 맞추고 디테일을 완성하면 된다. 정렬이 정확하게 그리는 비결이다.

형에 가려 이미지가 잘 안 보일 수 있으므로, 보기>면 스타일>X선을 선택하면 좋다. 어떤 스케치업 사용자는 트레이싱하는 선이 잘 보이도록 스타일 트레이에서 선의 굵기와 색을 변경하기도 한다. 트레이싱이 끝나면 원래 스타일로 당연히 되돌린다.

트레이싱이 끝났으면, 모양을 구성 요소로 만들고 모델에 활용하면 된다.

비슷한 방법으로 완성된 가구의 사진을 불러들여 트레이싱할 수도 있다. 하지만 구성 요소로 만들 부분을 잘 나누어서, 그 부분이 트레이싱되는 대로 구성 요소로 만들어야 한다. 그래야 선이 엉키는 일이 발생하지 않는다.

트레이싱한 결과는 2D 객체이다. 그러므로 밀기/끌기나 따라가기 도구를 사용해서 입체로 만들어주어야 한다.

### 이미지로 텍스처 입히기

스케치업은 카페트, 초목, 잔디, 나무 등등 다양한 텍스처를 기본 제공한다. 페인트통 도구를 사용하면 모델의 표면에 이런 텍스처를 입힐 수 있다. 제대로만 했다면, 텍스처를 입힌 모델은 꽤 실제같이 보인다.

하지만 나쁜 소식이 있다. 스케치업이 제공하는 나무 텍스처는 내가 보기에 너무 부족하다. 이 텍스처들은 건축가나 인테리어 디자이너를 위한 것이기 때문에, 배율이 안 맞거나 목수들의 취향에 맞지 않다. (가구를 조각 마루판이나 OSB* 보드로 만들 일은 없을 테니까.)

좋은 소식도 있다. 스케치업이 제공하는 텍스처만 사용할 수 있는 건 아니다. 인터넷에서 더 좋은

---

* Oriented Strand Board, 얇은 나뭇조각을 접착제로 붙여 만든 합판으로 주로 건축 자재로 사용한다.

것을 찾아 사용할 수 있다. 실제 같은 나무와 금속 텍스처를 공짜로 또는 합리적인 가격으로 제공하는 사이트들이 몇 군데 있다. 이런 이미지 파일을 다운로드하여 컴퓨터에 잘 저장해두자. 또는 공방에 멋진 무늬의 나무가 있다면, 사진을 잘 찍어서 텍스처로 써도 된다.

이런 텍스처를 당신의 모델에 사용하려면, 먼저 구성 요소를 더블클릭하여 편집 모드로 들어간다. 그리고 구성 요소에서 크고 평평한 면을 찾는다. 파일>가져오기 메뉴를 실행하여 불러올 이미지 파일을 찾는다. 단, 이번에는 이미지 사용 방법으로 텍스처를 선택하고 가져오기를 클릭한다(F).

텍스처가 모델에 나타나면, 면의 한 꼭짓점을 클릭한다. 그리고 드래그하여 대각선 반대편 꼭짓점을 클릭한다(G). 이렇게 하면 텍스처가 자리를 잡기는 하지만, 제대로 하려면 약간 더 손을 봐야 한다. 추가적으로 텍스처를 회전시킬 수도 있고, 배율을 높이거나 낮출 수도 있다.

텍스처가 있는 면을 한 번만 클릭하여, 모서리를 제외하고 면만 선택한다. 그리고 편집>면>텍스처>위치 메뉴를 실행하거나, 오른쪽 버튼 후 텍스처>위치를 선택하자. 손잡이가 4개 나타나는데, 그중에서 초록 손잡이를 잡고 움직여보자(H). 초록 손잡이를 바깥으로 움직이면 텍스처가 확대되고, 안쪽으로 움직이면 축소된다. 또는 손잡이를 돌리면 텍스처를 회전할 수도 있다. 그냥 정해진 각도로 돌리고 싶다면, 오른쪽 버튼 후 텍스처>위치를 택해서 손잡이들이 나타나면, 다시 오른쪽 버튼을 면에 대고 눌러 회전 항목과 90, 180, 270 중 원하는 각도를 선택하면 된다.

주의할 점은 나뭇결 텍스처는 한정된 크기를 가지고 있다. 큰 면에 텍스처를 입히면 타일 패턴처

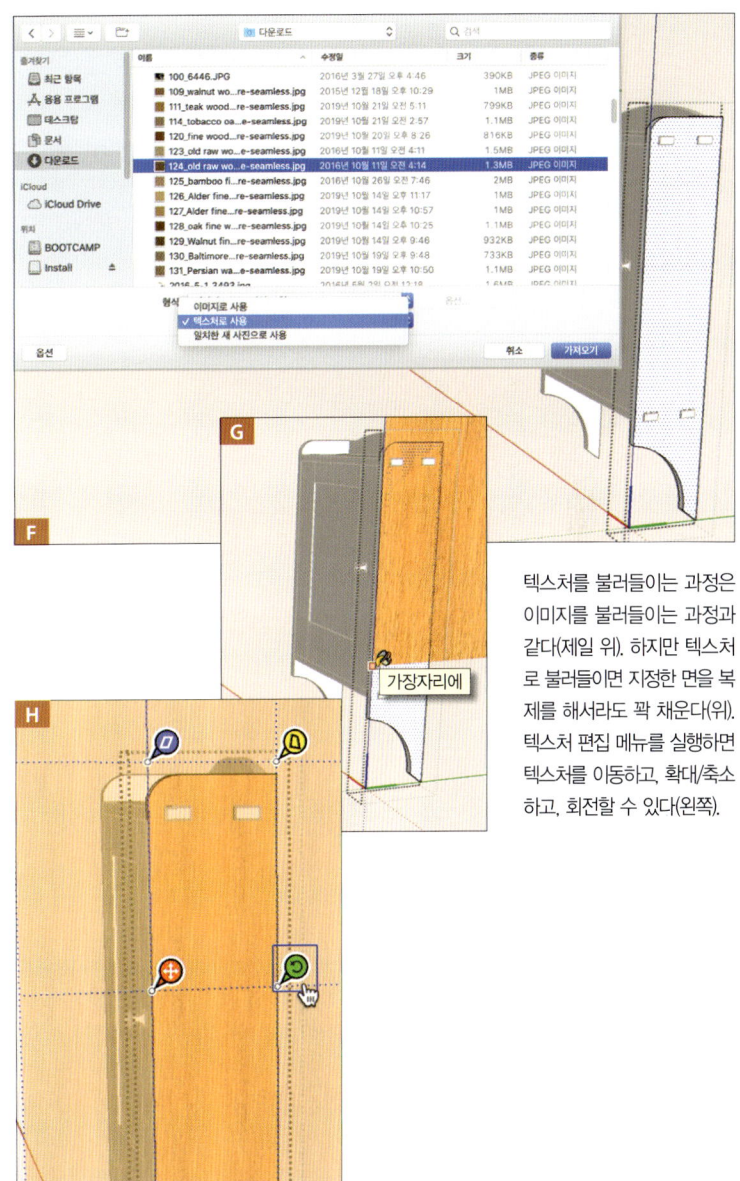

텍스처를 불러들이는 과정은 이미지를 불러들이는 과정과 같다(제일 위). 하지만 텍스처로 불러들이면 지정한 면을 복제를 해서라도 꽉 채운다(위). 텍스처 편집 메뉴를 실행하면 텍스처를 이동하고, 확대/축소하고, 회전할 수 있다(왼쪽).

# 10 스케치업에서 이미지 활용하기

이미지를 일치한 사진으로 불러오는 경우(제일 위), 여러 개의 빨강, 초록, 노랑 선이 이미지 둘레에 나타난다. 이것은 소실점을 표시하기 위한 도구이다. 빨강과 초록 점선을 움직여 피사체의 모서리에 닿게 한다(위). 이렇게 방향을 지정해두었으면, 사진을 따라 트레이싱한다(오른쪽). 이 이미지는 360 Woodworking 사이트를 위해 내가 만든 영상에서 추출한 것이다. 360 Woodworking 측의 허락을 받고 여기에 싣는다.

럼 텍스처가 반복될 것이다. 이럴 때 텍스처를 확대해주면 문제가 해결된다. 하지만 너무 크게 확대하면 다른 문제가 생기기도 한다. 잘 만들어진 나뭇결 텍스처는 이음매 없이* 잘 연결되어 편리하다.

## 투시 사진 트레이싱하기

스케치업이 이미지를 불러들이는 선택 중에서 가장 까다로운 것이 새 일치한 사진New Matched Photo 방법이다. 일치한 사진 방식은 사진 속 피사체의 앞과 옆을 트레이싱하는 데 사용할 수 있다. 이 방식은 피사체가 사진의 가운데에 있고, 피사체가 잘리거나 수정되지 않은 경우에만 사용할 수 있다. (스케치업이 어떻게 잘린 사진을 구분하는지 나도 모른다.)

내 경험으로는, 일치한 사진 선택은 사진의 보이는 부분에 대해 대략적인 모델을 만드는 데 도움을 줄 뿐이다. 만든 모델의 정밀도가 높을 것이라고 기대하지 마라. 트레이싱 작업이 끝나면 모델의 치수를 미세하게 손봐야 하는 것은 거의 확실하다.

새 스케치업 창을 연 다음, 사용할 사진을 찾는다. 이때 이미지 사용 방법으로 새 일치한 사진을 선택해야 한다.

불러들인 이미지는 여러 개의 빨강, 초록, 노랑 선과 함께 나타날 것이다(I). 빨강, 초록, 파랑 실선은 축을 나타내는 선이다. 세 실선이 만나는 곳에 있는 손잡이를 잡고 움직여, 피사체의 앞쪽 아래 꼭짓점에 가져다 놓는다. 이 점이 이미지의 원점이 된다.

양쪽 끝에 손잡이가 있는 2쌍의 빨강 점선과 녹색 점선도 보일 것이다. 이 점선으로는 이미지의 소실점Vanishing Point을 설정한다. 이 같은 색의 두 점

* Seamless wood texture for sketchup을 검색하면 찾을 수 있다.

선을 피사체의 위와 아래 모서리에 일치시키면 된다. 즉, 점선 끝에 있는 한 손잡이를 잡아 피사체의 꼭짓점으로 옮기면 된다(J). 다른 손잡이는 반대편 꼭짓점에 맞추는 식이다. 이렇게 점선 4개를 정렬하면, 빨강, 초록, 파랑 축 선이 약간 움직이는 것을 볼 수 있다. 점선이 제대로 사진과 일치되었다면, 빨강, 초록, 파랑 축선도 피사체의 모서리 방향과 일치될 것이다. 그리고 파랑 축선은 피사체의 앞쪽 모서리를 따라 수직이거나 거의 수직이 되어야 한다.

축과 소실점의 설정을 완료했으면, 사진 일치 트레이에서 완료 버튼을 누른다. 이제 스케치업의 도구를 사용할 수 있는데, 선 도구로 피사체의 모서리를 트레이싱하여 면을 만든다. 진행하면서 만든 모양에 두께를 준다(K, L).*

모든 것이 순조롭다면, 대충이나마 모델의 일부분이 완성되었을 것이다. 이제 만든 구성 요소를 복사하고 대칭 이동하여 보이지 않았던 뒷부분을 채우면 된다. 대략적인 모양이 마음에 든다면 결구와 디테일을 추가하면 된다(M).

## 배운 것 정리

이 장에서는 이미지를 스케치업에 불러와서 쓰는 세 가지 방법에 대해 배웠다. 첫째는 이미지를 불러와 특정한 모양이나 구성 요소를 만들어 당신의 모델에 활용하는 법이었고, 둘째는 실제같이 보이도록 하기 위한 텍스처 사용법이었고, 셋째는 피사체의 앞면과 옆면을 찍은 사진으로 트레이싱하는 일치한 사진 사용법이었다.

보이는 부분을 최대한 많이 트레이싱하여 구성 요소로 만든다(위). 이 수납장은 보이는 절반만 모델링하면 된다. 왜냐하면 모양이 대칭이기 때문이다. 오른쪽 그림은 일치한 사진으로부터 만들어낸 완성된 모델이다.

* 궤도 도구 또는 마우스 휠 버튼을 누르면 일치한 사진이 사라지고 일반 스케치업 작업공간이 나타나 도구를 사용하기 편하다. 다시 일치한 사진을 보려면 상단에 있는 파일 이름 탭을 더블클릭하면 된다. 스케치업은 일치한 사진을 장면으로 처리하기 때문이다.

# CHAPTER 11
# 추천 스케치업 플러그인
### 확장 프로그램을 사용하면 스케치업이 막강해진다.

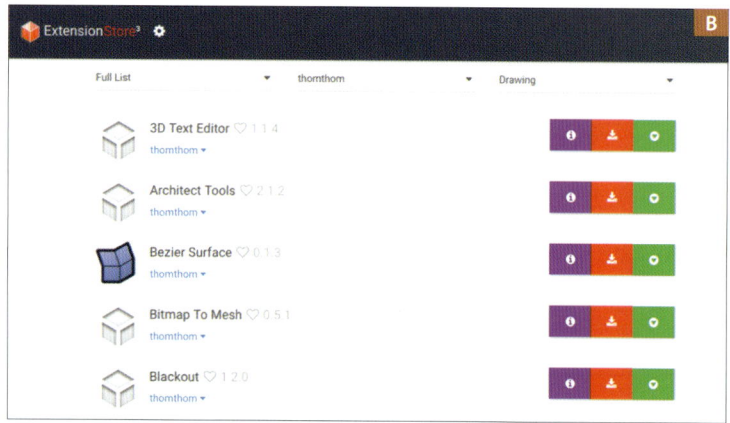

스케치업의 확장 창고(위 끝)와 SketchUCation의 확장 가게(위)는 모두 수천 개의 플러그인 또는 앱을 보유하고 있다. 이 플러그인들은 스케치업을 만능 도구로 만들어준다. 두 사이트 모두 사용하기도 쉽다.

스마트폰이 스마트한 이유는 엄청난 수의 앱 때문이다. 수천 개의 앱으로 게임을 하고, 식당을 찾고, 금융 거래를 하고, 화난 새를 던지는 등 할 수 있는 게 무궁무진하다.

스케치업도 비슷하게 많은(스마트폰보다 훨씬 적지만) 앱들을 가지고 있다. 전 세계의 스케치업 열렬 팬들과 소프트웨어 개발자들이 이 앱들을 만들었고, 플러그인 또는 확장 프로그램이라고 부른다(실용적인 관점에서 이 두 용어는 같은 뜻이다).

많은 플러그인들이 건축가, 기계공학자, 인테리어 디자이너를 대상으로 만들어졌다. 하지만 몇몇은 목공에서 사용해도 문제없다. 모든 목수들이 플러그인을 사용하는 것은 아니다. 내가 아는 어떤 사람은 스케치업에서 제공하는 기본 도구를 주로 사용하며, 사용하는 플러그인은 손에 꼽을 정도이다. 하지만 다른 사람은 사용하는 플러그인의 수가 계속 증가하고 있다.

내가 고른 Top 10 플러그인을 이제 소개하겠다. 대략 유용한 순서대로 배치했다.

### 플러그인을 구하는 곳

플러그인을 다운로드할 수 있는 곳은 두 군데이다. 확장 창고Extension Warehouse는 스케치업에서 바로 접근할 수 있으며, 확장 가게Extension Store는 Sketch-Ucation.com 사이트에 있다(A, B). 거의 대부분의 플러그인은 무료이다. 하지만 어떤 플러그인은 소정의 비용을 받는다. (몇몇 개발자들은 기부를 요청하기도 한다. 그들이 플러그인 개발에 들인 시간을 생각해보자.) 이 두 곳의 사용법을 알아보자.

**확장 창고.** 스케치업에서 창>Extension Warehouse 메뉴를 실행하자. 만일 처음 실행하는 것이라면, 사용자 등록을 해야 한다(무료이다). 이제 원하는 플러그인을 검색하여 찾으면 된다. 검색은 제목, 키워드, 개발자 이름으로 할 수 있다.

각 플러그인은 기본적인 정보를 제공하는 자신의 페이지를 가지고 있다. 이 페이지에는 플러그인이 지원하는 스케치업 버전 정보도 있고, 어떤 경우는 플러그인의 사용법을 간단히 소개하기도 한다(C).

찾은 플러그인을 사용하고 싶다면, 빨간색 Install 버튼을 누른다. 몇 초 후에 확장 기능을 설치하겠냐는 질문을 하는데, 동의하면 곧 확장 기능이 설치되었고 사용할 수 있다는 안내가 나온다. 첫 플러그인을 설치하면 메인 메뉴에 확장Extension이라는 항목이 생긴다.

**확장 가게.** 웹 브라우저로 SketchUcation.com으로 가서 사용자 등록을 한다. (무료 계정도 있지만, 더 많은 서비스를 원하면 유료 계정으로 등록해야 한다.) 그리고 Resources>Plugin Store Download 메뉴를 선택한다. Download Now를 클릭하면 앱 (파일 이름이 SketchUcationTools.rbz이다)을 다운로드할 수 있다. 이 파일을 컴퓨터에 저장하자.

스케치업을 연 다음에 창>확장 관리자 메뉴를 선택한다. 확장 관리자 창에서 확장 설치 버튼을 클릭하자. 그리고 아까 저장한 SketchUcationTools.rbz 파일을 찾아 선택한다. 이제 확장 관리자에

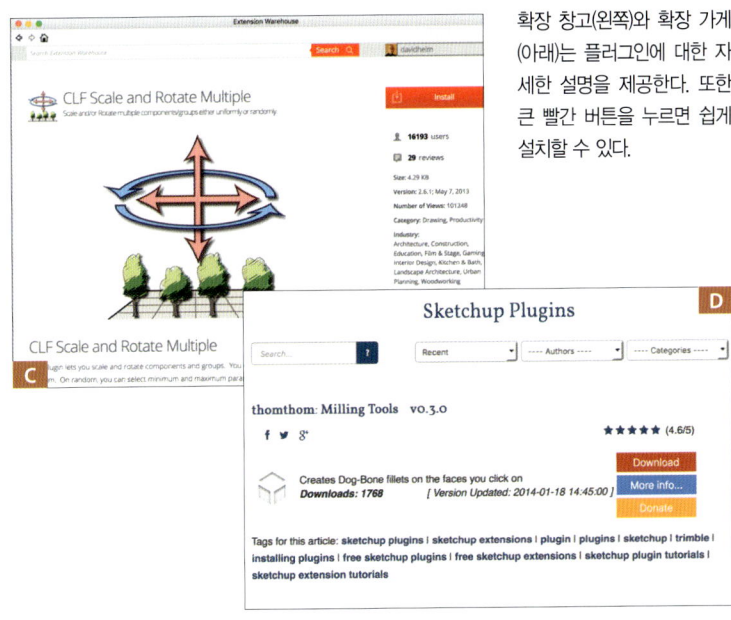

확장 창고(왼쪽)와 확장 가게(아래)는 플러그인에 대한 자세한 설명을 제공한다. 또한 큰 빨간 버튼을 누르면 쉽게 설치할 수 있다.

### 새 기능: 확장 관리자

스케치업 최신 버전은 확장 관리자라는 새로운 기능을 제공한다. 확장 관리자는 다운로드한 플러그인을 모두 보여주며, 업데이트할 수 있을 때 알려준다. 또한 클릭 한 번으로 플러그인을 업데이트하거나 삭제할 수도 있다.

케치업 2017이나 2018을 사용할 경우, 유효기간이 지난 서명이거나 서명이 누락되었다고 표시되는 플러그인이 보일 것이다. 하지만 걱정은 안 해도 된다. 플러그인 기능 자체는 잘 동작할 것이다.

스케치업 최신 버전은 전자 서명 기능이 있어서 개발자가 자신의 플러그인에 저작자임을 표시할 수 있다. 하지만 아직 많은 개발자들이 자신의 플러그인에 전자 서명을 적용하지 않았다. 그래서 스

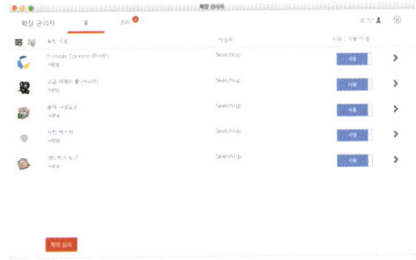

커브 메이커 플러그인으로 옷장 위의 소용돌이 모양을 쉽게 그릴 수 있다(오른쪽). 라운드 코너는 모서리를 둥글리거나 모서리 따기 작업을 쉽게 해준다(아래).

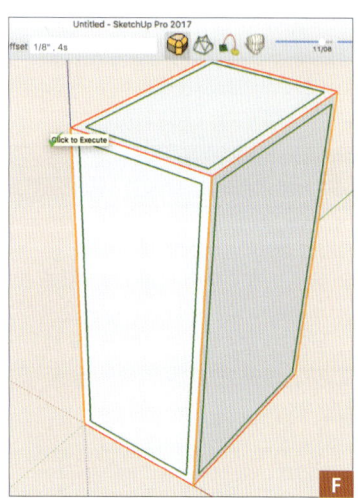

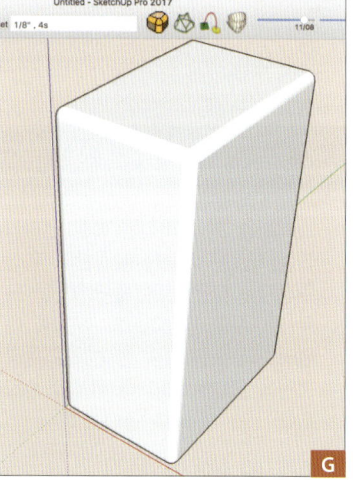

소개한다.

### 10위, 커브 메이커

커브 메이커Curve Maker는 나선형 같은 다양한 곡선을 쉽게 그릴 수 있게 도와준다. 이 플러그인은 전통 가구나 장식이 많이 들어가는 가구를 모델링하는 사람에게 매우 유용하다. 예를 들어, 19세기 스웨덴 옷장 윗부분에 들어가는 소용돌이 모양의 몰딩을 이 플러그인으로 그렸다(E).

커브 메이커는 확장 창고에서 설치할 수 있으며, 설치되면 그리기 메뉴에 Curve Maker 항목이 추가되므로 쉽게 활용할 수 있다.

### 9위, 라운드 코너

라운드 코너Round Corner 플러그인은 Fredo6라는 유명한 개발자의 작품이다. 이 플러그인으로 구성 요소의 일부 또는 전체 모서리를 쉽게 둥글릴 수 있다. 작업할 모서리를 모두 선택한 다음, 둥글릴 반지름을 설정하고, 클릭 몇 번하면 끝이다(F, G). 이 플러그인은 대각선으로 모서리 따기나 사선 자르기도 가능하다. 하지만 내 생각에 이 작업은 따라가기 도구가 더 편하다.

라운드 코너는 SketchUcation 확장 가게에서 얻을 수 있다. 이 플러그인은 도구 메뉴에 나타난다.

### 8위, 베지어 스플라인 커브

베지어 스플라인 커브Bezier Spline Curves 플러그인은 커브 메이커와 비슷하다. 이 플러그인도 역시 Fredo6의 작품이며, 14종류의 곡선을 그릴 수 있다.

하지만 나의 경우, 이 플러그인은 단지 반경이 계속 달라지는 베지어 곡선을 그리는 경우에만 유용하다. 사용법은 매우 쉽다(H).

SketchUcation이 설치된 것을 볼 수 있다. 이제 확장>SketchUCation>Extension Store 메뉴를 실행하면 플러그인을 다운로드할 수 있는 창이 나온다(D). 또한 플러그인의 설치와 제거를 편하게 할 수 있는 플러그인 매니저와 확장 매니저도 제공된다.

자 이제 목수들에게 유용한 플러그인 Top 10을

베지어 스플라인 커브 플러그인은 SketchUcation 확장 가게에서 얻을 수 있다. 스케치업 확장 창고에도 베지어 곡선만을 위한 비슷한 플러그인이 있다. 당연히 플러그인 이름도 Bezier Curves이다.

### 7위, 커비로프트

커비로프트Curviloft 플러그인 역시 Fredo6가 만든 로프트 플러그인이다. 이 플러그인은 스플라인, 경로를 따라, 표면 등고선이라는 세 가지 방법으로 복합 곡선을 만들 수 있다. 내 경우는 표면 등고선이 가장 쓰기 쉬웠다(I). 커비로프트는 LibFredo6라는 플러그인도 같이 깔아야 한다.

두 플러그인 모두 SketchUcation 확장 가게에서 얻을 수 있다.

### 6위, TIG-사출 도구

TIG-사출 도구TIG-Extrude Tools는 커비로프트와 비슷한 로프트 플러그인이다. 하지만 복합 곡선을 만드는 더 많은 선택을 제공한다. 내가 가장 많이 쓰는 기능은 레일을 따라 모서리 사출하기Extrude Edges by Rails 기능이다. 구부러진 단면을 두 개의 곡선(레일)을 따라 최종적인 단면으로 사출하는 것이다. 일련의 질문에 대해 대부분 '아니오'라고 대답하고, 마지막에 생성 버튼을 클릭하면 결과를 만들어준다(J). 나는 83쪽의 배 나온 서랍장의 휘어진 옆판과 서랍을 만들 때 이 도구를 사용했다.

TIG-사출 도구는 SketchUcation의 확장 가게에서 구할 수 있다. 주의: 플러그인 제작자에 따르면 이 플러그인은 스케치업 2017에서 실행이 가끔 멈추는 문제가 있다고 한다.

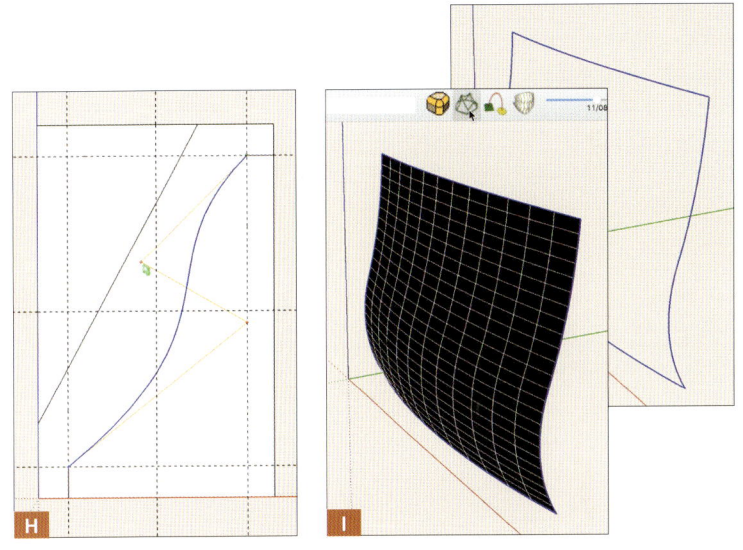

베지어 스플라인 커브(위)를 사용하면 크라운 몰딩 같은 복합 곡면을 쉽게 그릴 수 있다. 커비로프트 플러그인(오른쪽)을 사용하면 여러 개의 곡선으로 쉽게 복합 곡면을 만들 수 있다.

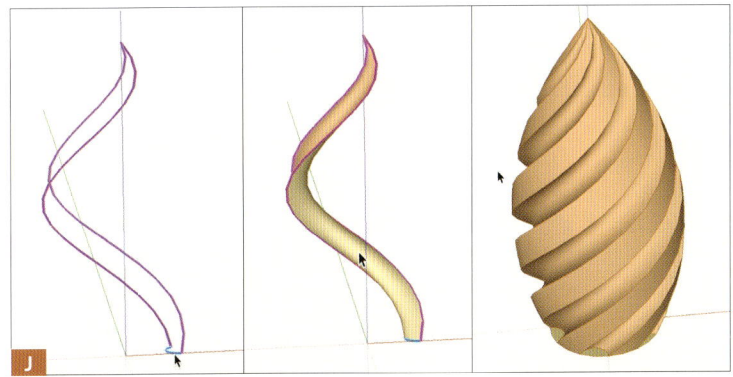

TIG-사출 도구는 커비로프트와 비슷하게 동작한다. 여기서는 나선형의 면을 만들기 위해 이 플러그인을 사용했다. 하나를 만들고 나서 복사하고 회전하여 최종 모양을 만들었다.

호나 원을 이루는 조각 선 2개를 선택한 뒤, CLF 호 중심 찾기 도구를 사용하면 중심을 나타나는 안내점이 생긴다.

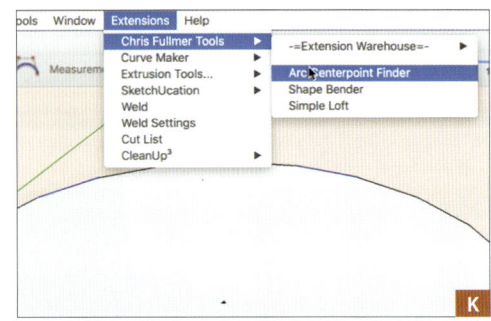

### 5위, CLF 호 중심 찾기 도구

CLF 호 중심 찾기 도구CLF Arc Centerpoint Finder는 또 다른 유명 개발자인 크리스 풀머가 만들었다. 이름이 의미하듯, 이 도구는 원이나 호의 중심을 찾아 준다. 원이나 호를 이루는 조각 선 2개를 선택한 뒤, 이 도구를 실행하면 중심을 나타내는 안내점이 나타난다(K).

풀머는 커비로프트나 TIG-사출 도구 같은 간단한 로프트 도구인 쉐이프 벤더Shape Vendor도 만들었다. 이 플러그인은 구성 요소를 당신이 정한 경로로 구부린다. 나는 이 도구로 쉐이커 로킹 체어Shaker Rocking Chair의 구부러진 뒷다리를 만들었다. 사용하기는 좀 어렵지만 시간을 들여 배울 만하다.

호 중심 찾기 도구나 다른 크리스 풀머의 도구는 확장 창고에서 구할 수 있다.

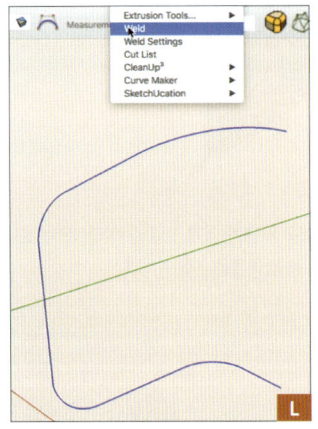

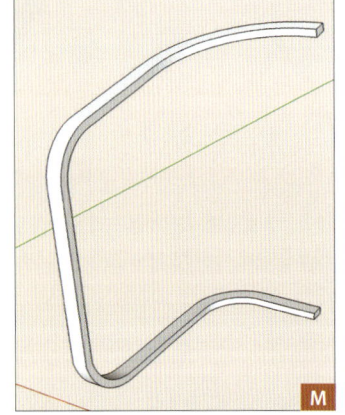

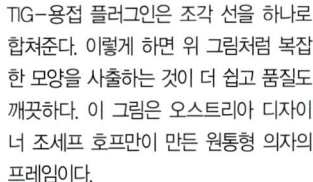

TIG-용접 플러그인은 조각 선을 하나로 합쳐준다. 이렇게 하면 위 그림처럼 복잡한 모양을 사출하는 것이 더 쉽고 품질도 깨끗하다. 이 그림은 오스트리아 디자이너 조세프 호프만이 만든 원통형 의자의 프레임이다.

### 4위, TIG-용접 도구

TIG-용접TIG-Weld은 너무 요긴한 도구이다. 용접 도구는 분리된 선과 호를 하나의 연결된 선으로 바꾸어준다. 이렇게 하면 따라가기 도구에 사용할 복잡한 모양의 경로를 한 번의 클릭으로 선택할 수 있고, 나중에 정리하는 시간도 줄여준다. 선을 용접하여 하나로 만들지 않으면, 밀기/끌기나 사출할 때 조각 선이 만나는 부분에 불필요한 선이 생길 것이다(L, M, N).

용접 도구는 SketchUcation의 확장 가게에서 구할 수 있다.

### 3위, 솔리드 검사기[2]

나는 복잡한 모델링을 끝내자마자 항상 솔리드 검사기[2]Solid Inspector2도구를 실행한다. 이 도구는 작업물을 샅샅이 뒤져 빠진 선과 결함을 찾아낸다(O).

이 플러그인은 확장 창고에서 구할 수 있다.

## 2위, 클린업[3]

이 플러그인은 솔리드 검사기[2]와 비슷하다. 좀 다른 종류의 결함을 찾아내고 수정한다. 내가 만든 모델을 최대한 깨끗하게 만들기 위해 솔리드 검사기[2]와 같이 이 도구를 사용한다(P).

이 플러그인은 SketchUcation의 확장 가게에서 구할 수 있다.

## 1위, 컷 리스트

의심의 여지없이, 컷 리스트Cut List가 목수들에게 가장 유용한 도구이다. 내가 목공 전시회에서 강연할 때, 항상 듣는 첫 번째 질문이 "스케치업이 재단 목록을 만들어주나요?"라는 것이다.

대답은 이렇다. 컷 리스트를 사용해서 판재, 합판 그리고 철물의 치수가 적힌 재단 목록을 만들 수 있다. 이 플러그인은 각 구성 요소의 이름과 수량, 치수 그리고 부피와 넓이를 포함한 표를 만들어준다(Q). 또한 완벽하진 않지만 나름 쓸 만한 기본적인 재단 도면도 제공한다.

컷 리스트 플러그인은 확장 창고에서 구할 수 있다.

당신이 만든 모델이 정확할 수록 이 플러그인이 만드는 재단 목록도 더 정확해진다. 하지만 어떤 재단 목록 플러그인도 태생적인 한계가 있다. 예술 공예* 가구를 만드는 내 친구 그레고리 파울리니는 작품을 만들 때 계산된 재단 목록의 2배 정도 되는 목재를 준비한다고 한다. 왜냐하면 옹이와 갈라진 부분을 버려야 하고, 아름다운 색과 무늬를 가진 판재를 골라내야 하기 때문이다.

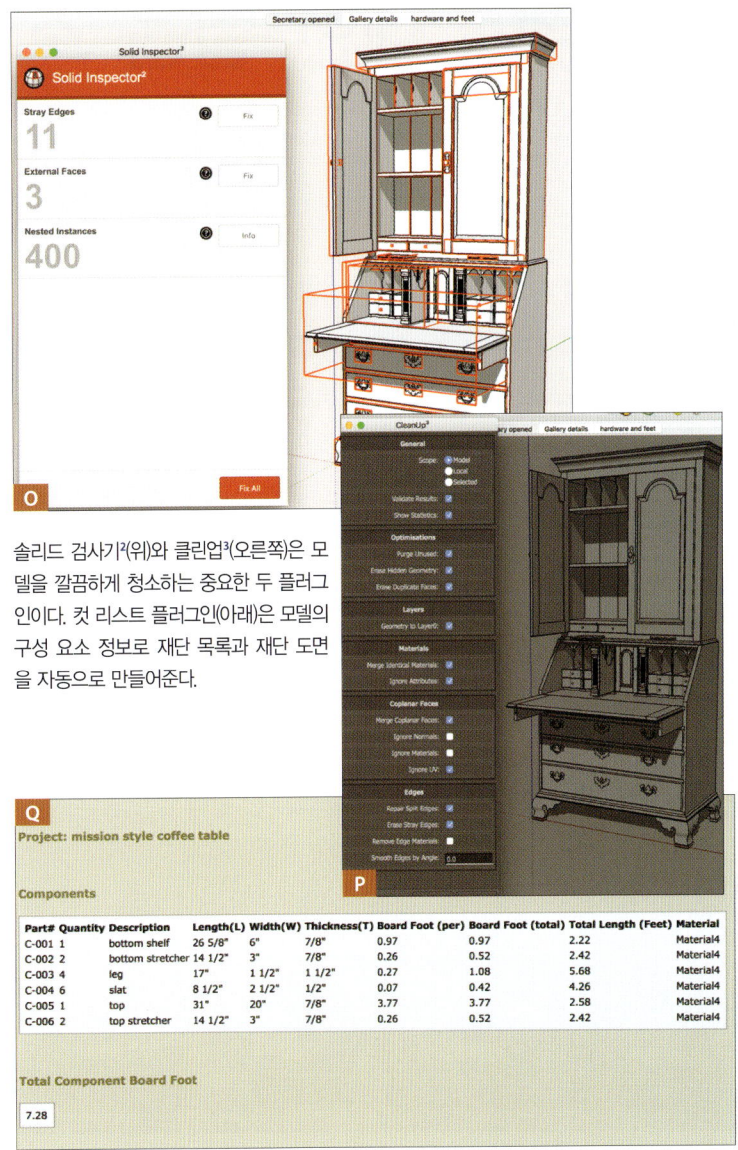

솔리드 검사기[2](위)와 클린업[3](오른쪽)은 모델을 깔끔하게 청소하는 중요한 두 플러그인이다. 컷 리스트 플러그인(아래)은 모델의 구성 요소 정보로 재단 목록과 재단 도면을 자동으로 만들어준다.

* Art & Craft. 19세기 산업화 시대의 저속한 기계적 디자인에 반발하여, 사람의 손에 의한 가치 있는 예술을 생산하자는 사조.

CHAPTER 12

# 렌더링에 대한 짧은 소개
## 3D 모델을 실제처럼 보이게 하기

렌더링 프로그램은 스케치업의 장면에 조명과 텍스처를 추가하여 실제 같은 이미지로 바꾸어준다. 위 두 그림의 차이를 살펴보기 바란다. 이 그림은 스케치업을 더 알고 싶은 고객에게 만들어준 것이다.

**98**쪽에 소개한 것처럼 당신이 그린 모델에 나뭇결 텍스처를 입히고, 그림자를 추가하면(보기>그림자 메뉴) 꽤나 실제처럼 보인다. 하지만 진짜 사진을 찍은 것처럼 보이게 하려면 렌더링 프로그램을 써야 한다.

시중에는 20개가 넘는 렌더링 프로그램이 나와 있다. 대부분은 10만 원 이상의 가격에 팔린다. 하지만 Kerkythea 프로그램은 무료이다. 이 프로그램들은 실제와 같은 조명 효과를 더할 수 있으며, 표면의 반사 정도와 거칠기를 바꿀 수도 있다. 당신이 그린 모델에 유리 같은 광택을 주고 싶다면, 렌더링 과정을 통해 그렇게 할 수 있다(A, B).

나는 Shaderlight라는 프로그램만 사용한다. 나에게는 스케치업을 배우는 것보다 더 어려웠다. 약간만 설정해도 꽤나 괜찮은 결과가 나오긴 하지만, 고품질의 결과를 얻기 위해 설정해야 하는 항목이 너무 많아 시간과 노력이 필요하다.

여기서 소개하는 내용은 내가 쓰는 프로그램에서 얻은 경험이다. 이를 통해 여러분이 렌더링의 세계를 맛보고 정진했으면 하는 바람이다.

### 목표를 명확히 하라

스케치업 모델을 렌더링하다 보면, 마치 게임하는 것처럼 몇 시간이 후딱 지나가버린다. 그래서 작업을 시작하기 전에 어느 정도 수준으로 렌더링할 것인지 결정해두어야 한다.

# 12 렌더링에 대한 짧은 소개

이 작업물이 고객을 위한 제안서에 들어갈 내용인가? 그런 경우라면, 할 수 있는 한 최고의 품질을 추구해야 할 것이다. 만일 렌더링 작품을 당신의 블로그에 올리거나 게시판에 올릴 것인가? 그렇다면 품질을 약간 희생해도 된다. 어차피 높은 해상도가 필요하지 않기 때문이다.

## 초기 설정

렌더링할 모델을 흰색이나 밝은색의 배경Backdrop에 두는 것이 좋다. 벽 2개와 바닥을 만들어주면 렌더링하는 데 문제가 없다. 이 배경은 보통 방의 크기로 만들면 된다. 벽은 높이 2.5m이면 되고, 바닥은 최소 $6m^2$ 이상이면 된다. 그리고 면이 제 방향인지 확인해서 필요하면 면 반전을 한다.

어떤 사람들은 벽과 바닥이 만나는 모서리를 둥글리기도 한다. 왜냐하면 보통 사진 스튜디오에서는 배경지를 늘어뜨려 모서리를 안 보이게 하기 때문이다. 하지만 나를 포함한 다른 사람들은 배경의 모서리를 살려 각이 지게 둔다.

모델을 배경에 놓은 다음, 시선을 돌리고 축소/확대해 원하는 구도를 잡는다(C).

다음으로 조명의 위치를 잡는다. Shaderlight에서는 전구 모양을 클릭하고, 조명의 종류를 정할 수 있다. Shaderlight는 다섯 가지 종류의 조명을 제공한다. 그중 하나는 넓은 영역에 일정한 광량을 제공하는 배경 조명이다.

물론 스폿 광원이나 면 광원 같은 다른 조명도 선택할 수 있다. 또한 점광원은 램프나 매립 조명, 트랙 조명을 표현하는 데 쓸 수 있다.

광원의 세기 같은 조명 창에서 제공하는 여러 선택은 숫자를 입력하여 바꿀 수 있다. 하지만 디폴트 설정을 지금 바로 바꿀 필요는 없다. 나중에 디

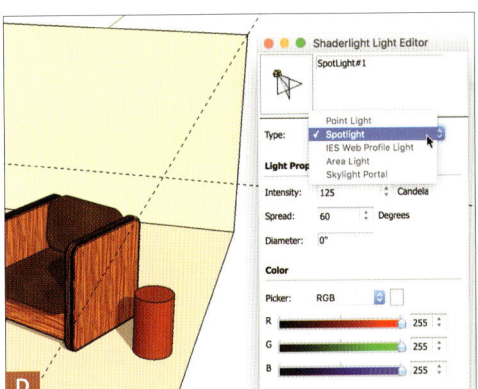

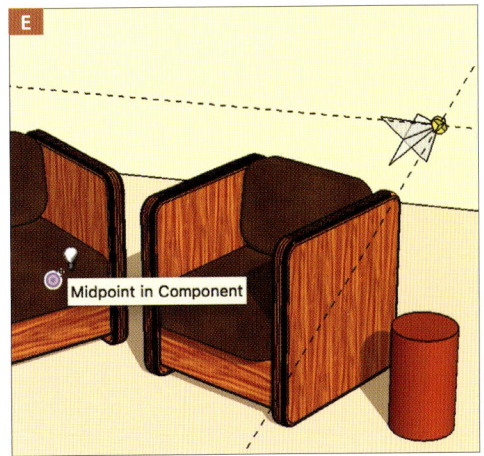

Shaderlight로 렌더링하기 위한 장면을 세팅한다. 배경을 만들고 피사체를 놓아 구도를 잡는다(위). 안내선을 배치하면 조명의 위치를 쉽게 잡을 수 있다(가운데). 원하는 조명의 종류를 선택한다. 조명의 위치를 잡기 위해 안내선을 활용한다. 그리고 조명이 비출 곳을 클릭하여 선택한다(아래).

핵심만 추린 목공 스케치업 109

다음으로, 피사체가 빛을 얼마나 반사할지 재질을 설정한다(오른쪽, 아래).

출력 해상도를 결정하고, 조명에 대한 변수들을 설정하면 준비가 끝났다(오른쪽).

폴트 설정을 바꾸어보면서 어떤 결과가 나오는지 차근차근 해보면서 익히기 바란다(D).

내 경험으로는 뒤 배경 위에 안내선을 몇 개 그려 놓으면, 조명을 배치하기 매우 편했다(E). 예를 들어, 스폿 광원을 배치하는 경우는 조명의 위치를 클릭하여 정하고, 조명이 비출 곳을 모델의 한 위치를 선택해 클릭해야 한다. 면 광원의 경우 광원이 될 영역을 커서로 드래그하여 정한다. 광원의 방향도 신경을 써야 한다. 만일 거꾸로 비추고 있다면 대칭 이동 명령으로 뒤집으면 된다.

### 재질 설정하기

Shaderlight의 재질 편집기Materials Editor(공 모양의 아이콘)는 스케치업의 색깔과 재질 선택 메뉴와 잘 통합되어 있다. 재질 편집기는 모델이 가지고 있는 커스텀 텍스처도 사용할 수 있다.

모델이나 객체의 각 부분마다 재질 편집기로 마감을 바꿀 수 있다. 윈도우에서는 색을 선택하는 스포이드로 색이나 텍스처를 선택한다. 반면 맥에서는 페인트통 도구를 사용한다.

텍스처를 선택할 때는 재질 편집기의 공모양 아이콘에 그 텍스처가 입혀져 미리 가늠할 수 있다. 또한 3개의 마감 재질Material Finish 선택을 통해 마감과 광도를 설정할 수 있다.

Shaderlight에서는 아홉 가지의 마감을 제공한다. 무광Matt부터 반투명Translucent까지 목록을 넘겨가며 고를 수 있다. 아래로 내려갈수록 더 광택이 나는 마감이다. 자동Auto은 스케치업에서 정한 텍스처의 디폴트값을 사용한다.

각 마감의 종류마다 다양한 광도를 택할 수도 있다. 만일 광택이 있는 마감을 선택한다면 흐릿함, 은은함, 빛이 반사됨, 심지어는 거울 정도의 광택도 택할 수 있다(F, G).

## 출력을 설정하고 시험 렌더링하기

이제 기어 모양의 아이콘을 클릭하여 렌더링 설정을 하자(H).

기본 출력 해상도는 720×405로 매우 낮다. 이 해상도는 빠르게 렌더링을 할 수 있어서 조명의 위치나 세기를 점검하는 데 좋다. 필요한 미세 조절을 모두 끝냈다면, 이제 해상도를 올릴 차례이다. 목록에 있는 해상도를 선택해도 되고, 자신이 직접 입력해도 된다.

품질을 정하는 슬라이더를 움직여 출력 품질을 올릴 수도 있다. 하지만 높은 품질과 높은 해상도는 렌더링 시간을 급격하게 늘린다는 점을 명심하자.

나는 직접 조명 Direct Illumination 모드를 선택하고, 스케치업 태양광 Sunlight 조명 타입을 선택하고, 배경 조명 Lighting Environment 을 배경으로 설정했더니 괜찮은 결과를 얻을 수 있었다.

조명, 재질, 출력 설정이 끝났으면, 이제 Shaderlight의 카메라 아이콘을 클릭하자. 그러면 그 장면의 렌더링을 시작한다(I). 당신은 렌더링 결과가 나오는 와중에도 Shaderlight의 설정을 바꿀 수 있다. 피사체의 배치가 마음에 들지 않는다면, 스케치업으로 돌아가 재배치하면 된다. 그리고 Shaderlight의 카메라 아이콘을 클릭하면 렌더링을 다시 시작한다.

필요한 만큼 수정하고 테스트해보자. 그리고 드디어 마음에 드는 세팅을 찾았다면 마지막으로 고품질 고해상도 렌더링을 실행하자(J).

Shaderlight는 렌더링 결과를 JPG 파일로 저장한다. 고객을 위한 제안서에 넣어도 되고, 블로그에 바로 올려도 된다. 아니면 그냥 자신의 컬렉션에 저장해두어도 된다.

저해상도 렌더링을 해보았더니, 의자의 옆면에 광택이 너무 많다. 재질 편집기에서 이를 수정하면 된다.

렌더링이 완성되었다.

## 부록

# 더 많은 정보 얻기
## 스케치업을 배우고 정보를 얻을 수 있는 유용한 곳

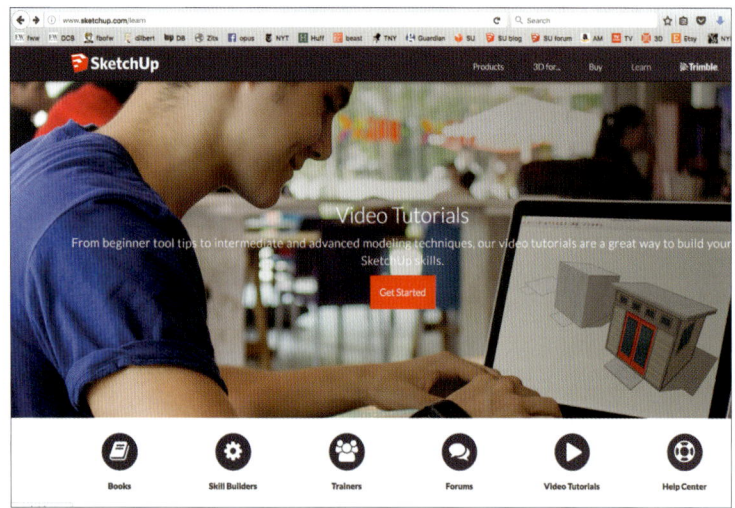

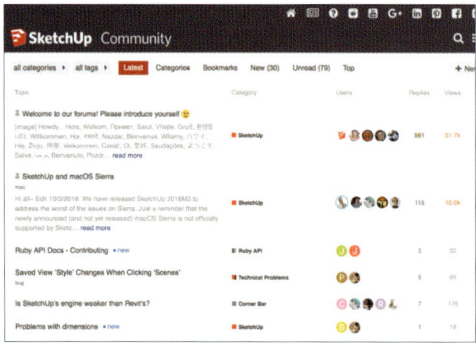

스케치업의 Learn 페이지(위)와 스케치업 게시판(오른쪽)

나는 독자 여러분이 스케치업의 시작으로 이 책을 보기 바란다. 이 책이 스케치업을 배우는 끝이 아니기 때문에 스케치업에 대한 정보를 더 찾아보길 바란다. 스케치업을 배우고 정보를 얻을 수 있는 곳은 많다. 아래에 도움과 조언을 받을 수 있는 블로그, 책, 웹 사이트들을 객관적인 기준으로 정리해보았다.

### 스케치업이 제공하는 정보

help.sketchup.com의 Learn 메뉴를 클릭하면 스케치업 고급 정보에 대한 관문*으로 진입하게 된다.
여기에는 유튜브 영상으로 제공되는 튜토리얼이 많이 있다. 또한 스케치업 교육을 하는 10개 이상의 교육기관의 리스트가 Trainers** 메뉴에 있다. 하지만 이 중에서 가장 유용한 곳은 스케치업 도움말 센터***이다. 스케치업 Make, Pro 그리고 LayOut 프로그램에 대한 상세한 도움말을 제공한다.

### 스케치업 커뮤니티 게시판

스케치업을 쓰다가 문제가 생기거나 굉장히 어려운 모델링을 하다가 벽에 부딪혔다면, 또는 스케치업에 생겼으면 하는 기능이 있다면, 스케치업 커뮤니티 게시판****에 계정을 만들고 당신의 질문이나 의견을 여기에 올려보기 바란다. 몇 분 안에 도움이 되는 답변을 얻을 수 있을 것이다.

* learn.sketchup.com 으로 바로 가도 된다.
** www.sketchup.com/resources/trainers 안타깝게도 모두 미국 정보이다. 우리나라는 목공 카페를 중심으로 비정기적으로 스케치업 오프라인 강좌가 열린다.
*** help.sketchup.com 한글화되지는 않았다.
**** forums.sketchup.com

### SketchUcation 웹 사이트

이곳은 플러그인만 유용한 것이 아니라(102쪽 참고) 쓸 만한 게시판들이 있다. 하나는 초보자를 위한 곳이고, 다른 곳은 당신이 찾은 버그를 신고할 수 있고, 그냥 목공에 대한 게시판도 있다. 솔직히 나는 이곳에 나의 스케치업 작품을 종종 올리곤 한다. SketchUcation.com으로 가면 된다.

### 스케치업 블로그

이 사이트(blog.sketchup.com)는 여러 개의 입문자를 위한 내용과 스케치업 소식(스케치업 제작사와 소프트웨어 자체에 대한)도 제공된다. 대부분의 내용은 건축가, 도시계획가, 인테리어 디자이너를 위한 것이지만 목공에서도 참고할 내용이 많다. 사람들이 스케치업으로 하는 일을 지켜보는 것도 재미있고, 블로그 내용도 짜임새가 있다. 스케치업이 운영하는 블로그 중 Skill Builder*라는 다양한 기술과 조언을 담은 시리즈가 가장 유용하다.

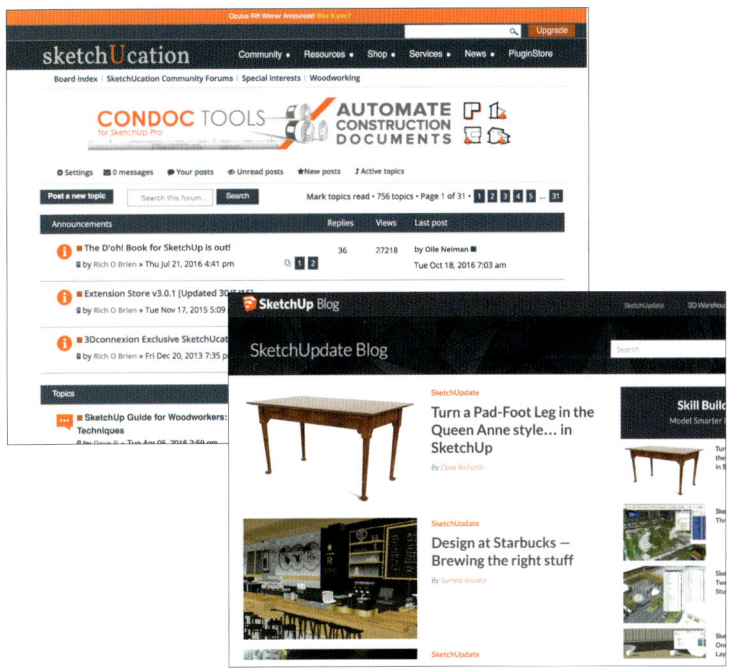

### 마스터 스케치업 웹 사이트

로드 아일랜드의 목수이자 디자이너인 매트 돈리가 이 사이트를 관리하고 있다. 매트는 그의 건축일과 디자인 작업을 위해 2007년부터 스케치업을 시작했다. 이 사이트는 몇몇 입문자용 자료를 가지고 있으며, 대부분 목수를 위한 내용이다. 매트는 유튜브 채널**도 운영하며, 사이트는 MasterSketchUp.com으로 가면 된다.

### 다른 멋진 사이트들

밥 랭이 운영하는 ReadWatchDo.com과 파인 우드워킹 사이트의 디자인. 클릭. 빌드 블로그***를 추천하고 싶다.

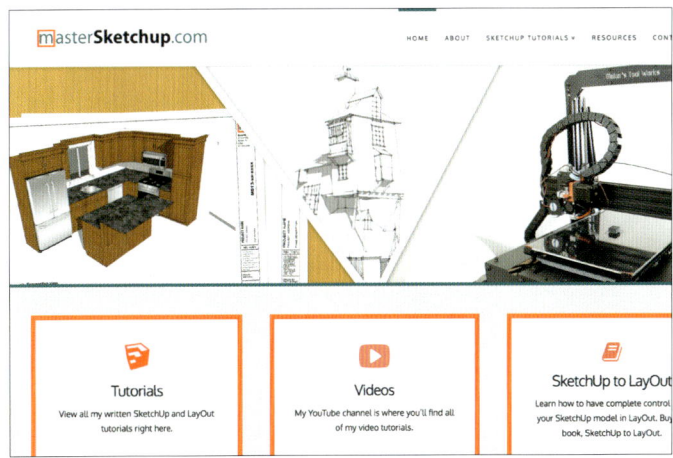

각각 SketchUcation.com, 스케치업 블로그, MasterSketchUp.com 사이트들이다.

\* blog.sketchup.com/tags/skill-builder.
\*\* Youtube.com에서 Master Sketchup 검색.
\*\*\* www.finewoodworking.com/blog/design-click-build.

# 찾아보기

## ㄱ

가로대, 그리기 42, 50–52
가상현실 10–11
가운데, 말풍선 25, 105–106
가장자리에 접함, 말풍선 24
가져오기, 이미지
    이미지, 가져오기 참고
각도기 도구, 그림 20
각도기 도구, 사용법 32
걷기 도구, 그림 20
결합 부위, 점검 10
경사
  곡선 경사 다리 87–88
  꽃 모양 경사 다리 91–93
  세로 홈이 있는 경사 다리
    88–91
고체 도구 74, 75
곡선
  곡선 경사 다리 87–88
  관련 플러그인 104–105
  따라가기 도구 주의점 94
  모서리를 부드럽게 87
  복합 곡선 만들기 82
  평면 위에 제한 23
교차 74–83
  기본 74–75
  말풍선 24
  문제점 해결 75–76
  설명 74
  응용(둥근 다리 연결부, 연귀/요철 맞춤, 몰딩 연귀 맞춤, 카브리올 다리) 76–81
  정의 23
구멍 뚫기 31–32
구성 요소 36–43
  개요/사용법 요약 36–37, 43

고체 구성 요소 41, 43
그룹과 비교 40
내부에서 복사하기 48–49
만들기 37
복사본을 원본과 다르게 40–41
선택하기
    37, 44–45, 48, (54–56)
요소 정보 창 41–42
장점 38
재사용 38–40
정의 23, 36
제거하기 39
축 설정하기 42–43
측정과 이동을 최소화 50–57
구성 요소 만들기 도구, 그림 20
구성 요소 만들기 도구, 사용법 37
구성 요소 재사용 38–40
구슬을 쥔 발 82–83
궤도 도구, 그림 20
궤도 도구, 사용법 6, 30
그릇, 따라가기 도구 86–87
그리기
  그리기 도구 20
  두개의 도형을 하나로 합치기 교차 참고
  마우스와 트랙패드 31
  말풍선 설명 24–25
  모서리를 부드럽게 87
  안내선 긋기 28–29
  제 위치에 그리기 50–52
  첫 판재 그리기 28–30
  축을 따라 선 긋기 22
기타 도구 20
꽃 모양 경사 다리 만들기 91–93
꽃 모양 위 반구 그리기 92–93
끝점, 말풍선 24, 25

## ㄴ

내비게이션 도구 20

## ㄷ

다각형 도구, 그림 20
다각형 도구, 사용법 88–89
다도, 그리기 31
다리
  경사진 세로 홈 88–91
  곡선 경사 87–88
  구슬을 쥔 발 82–83
  꽃 모양 경사 91–93
  둥글리기 곡선 경사 87–88
  따라가기 도구 사용
    따라가기 도구 참고
  복합 곡선 82
  카브리올 80–81
다시 실행 명령, 사용법 28
단면 도구, 그림 20
단위, 설정 17
대칭 이동, 정의 23
더 많은 정보 얻기 112–113
도구와 작업공간
    16–25, 각 도구 참고
  그림 도구 20
  기본 도구 20
  기타 도구 20
  내비게이션 도구 20
  도구모음 소개 21
  도구 아이콘과 의미 20
  맥 또는 윈도우 21
  모델링 도구 20
  소개 16
  측정 도구 20
  템플릿 커스터마이즈 16–19

도면 그리기 11
도면 인쇄 71–73
둘러보기 도구, 그림 20
둥근 다리 연결부 77–77
둥글리기 33, 85, 104
따라가기 도구 20, 84–95
  경사 다리에 세로 홈 넣기 88–91
  곡선 경사 다리 87–88
  곡선 주의점 94
  그릇, 화병, 다리에 활용 86–87
  꽃 모양 경사 다리 91–93
  모서리 둥글리기 85
  모서리 따기 84–85
  몰딩 85–86
  사용법 요약 95
  소개 84
  작은 도형 주의점 94–95

## ㄹ

라운드 코너 플러그인 104
레이어
  관리 66–67
  요소 정보 창 41
  장면 만들기 67–68
  치수 추가하기 68–70
렌더링 108–111

## ㅁ

마우스, 트랙패드와 비교 31
말풍선, 종류 24–25
메쉬, 정의 23
면
  관련 말풍선 24
  방향 수정 59
  빠진 면 찾기 59–60

# 찾아보기

정의 23
모델 정보 창 17, 69
모델링
　관련 도구 20
　깔끔한 모델 만들기 59–60
　논리적인 순서 61–63
　렌더링 108–111
　실제 가구 제작 과정 반영 58–63
　큰 곳에서 작은 곳으로 60–61
모서리
　관련 말풍선 24
　모서리에 접함 말풍선 25
　부드럽게 87
　정의 23
　턱 만들기 30
모서리 둥글리기 둥글리기 참고
모서리 따기 84–85, 104
몰딩, 그리기 85–86
몰딩, 연귀 맞춤 79–80
밀기/끌기 도구, 그림 20
밀기/끌기 도구, 사용법 29–33

## ㅂ

바운딩 박스, 정의 23
배경색 18
배율 도구, 그림 20
배율 도구, 사용법 56, 60, (89–91)
베지어 스플라인 커브 플러그인 104–105
복사 44–49
　구성 요소 내 48–49
　방향 맞추기 46–48
　복사를 위한 도구
　　44–45, 이동/복사, 회전/복사 도구 참고

원본과 다르게 40–41
일정 간격으로 복사 45–46
복사 도구
　이동/복사, 회전/복사 도구 참고
복사 명령, 사용법 28
복합 곡선 82
부드럽게/매끄럽게, 정의 23
분수 설정 17
붙여넣기 명령, 사용법 28

## ㅅ

사각형
　도구, 그림 20
　사각형 도구 사용법 29
　안내선 사용하여 28–29
상세도, 그리기 70–71
색깔 있는 원 25
색상, 설정 18
선 도구, 그림 20
선 도구, 사용법 27, (28–32)
선 위, 말풍선 24
선, 가운데 찾기 22
선, 축과 평행하게 22
선택 도구, 그림 20
선택된 구성 요소
　　37, 44–45, 48, (54–56)
세로 홈, 경사진 다리 88–91
솔리드 검사기2 플러그인 106
숨겨진 기하 구조, 정의 23
스케치업
　가격 8–9
　가상현실 10–11
　무료 버전 8, 9, 12
　버전 8–9
　소개, 개요 8–11
　스케치업 Free의 단점 11

스케치업 Pro의 기능 13, 22
실제 크기 10
쓰면 좋은 점 10–11
용어 23
추가 정보 112–113
플러그인 플러그인 참고
스케치업 Free 9, 10, 12
스케치업 Make 8, 9, 13, 71, 72, 112
스케치업 Pro
　가격 8–9
　고체 도구 74, 75
　기능 13, 22
　도움말/사용자 가이드 112
　인쇄 73
스타일, 변경 17–19
시작하기
　판재 만들기/템플릿 참고
시차, 주의 사항 98
실제 크기, 스케치업 10
실행 취소 명령, 사용법 28

## ㅇ

아이콘 20
어레이, 정의 23
연귀 맞춤/몰딩 77–80
오프셋 도구, 그림 20
오프셋 도구, 사용법
　　30, 47, 62, 63
요소 정보 창 41–42, 67
요철 맞춤 77–79
용어 23
워터마크 18
원
　구멍 뚫기 31–32
　반원 25
　색깔 있는 원 25

원, 말풍선 25
원 도구, 그림 20
원 도구, 사용법 31–32
원점, 세 축이 만나는 19, 24
이동 제한 22–23
이동(상하/좌우) 도구, 그림 20
이동/복사 도구, 그림 20
이동/복사 도구, 사용법
　　28, 36–37, 38, 44–45, (47–49)
이미지, 가져오기 96–101
　개요, 설명 96, 101
　사용법 96–98
　시차, 주의사항 98
　텍스처 가져오기 98–99
　투시 사진 트레이싱 100–101
이전 도구, 그림 20

## ㅈ

자유 그림 도구, 그림 20
잘라내기 명령, 사용법 28
장면, 만들기 67, 68
장부, 그리기 30
정밀도, 설정 17
정확성 11, 27–28. 측정 참고
제약 평면, 말풍선 25
주먹장, 그리기 54–55
주먹장, 만들기 32
줄자 도구 20, 26–27
중간 점
　말풍선 25
　찾기 22, 31
지우기 도구, 그림 20
지우기 도구, 사용법 29–87

# 찾아보기

## ㅊ

추론, 정의 23
축
 관련 도구 20
 관련 말풍선 설명 24–25
 방향 설정 42–43, 59
 설정 19–21
 세 축이 만나는 원점 19
 정의 23
 축 따라 그리기, 이동하기 22
축 설정 18
축에, 말풍선 24
측정 50–57
 가운데 찾기 22
 안내선 긋기 28–29
 정확한 크기와 거리 27–28
 제 위치에 그리기 50–52
 줄자 도구 알아보기 26–27
 측정과 이동 최소화, 예제 50–57
 측정을 위한 도구 20
 측정하지 않고 그리기 52–54
측정 상자 27, 45
치수 66–73
 도면 인쇄 71–73
 레이어 관리 66–67
 상세도 추가 70–71
 장면 만들기 67–68
 정확한 크기와 거리 27–28
 추가하기 68–70

## ㅋ

카메라 위치 지정 20
카브리올 다리 80–81
커브 메이커 플러그인 104
커비로프트 플러그인 105
컷 리스트 플러그인 107
클린업3 플러그인 106

## ㅌ

턱 만들기 30
텍스처, 가져오기 98–99
텍스트 도구, 그림 20
템플릿
 도구 활용하기 각 도구와 작업공간 참고
 모델 정보 창 17, 69
 스타일 변경 17–19
 저장하기 19
 축과 측정상자 19–21
 커스터마이즈 16–19
 환영 화면 17
투시 사진 트레이싱 100–101
트랙패드, 마우스와 비교 31
특정 위치에 붙여넣기 명령, 사용법 28
팀 킬른 11, 82

## ㅍ

파이 도구, 그림 20
판재 가공하기 판재 만들기 참고
판재 늘이기 56, 57
판재 만들기 26–33
 구멍 뚫기 31–32
 다도 그리기 31
 두께 만들기 29
 장부 그리기 30
 정확한 크기와 거리 27–28
 주먹장 그리기 32
 줄자 도구 익히기 26–27
 첫 판재 그리기 28–30
 턱 만들기 30
페인트 통 도구, 그림 20
페인트 통 도구, 사용법 98
프로파일 옵션 17–18
플러그인 102–107
 가장 유용한 10개 104–107
 거스러미 선 수정 60
 둥근 곡선 경사 다리 87–88
 스케치업 Free 12
 얻는 곳 102–104
 정의 23
 확장 관리자 103

## ㅎ

핵심 명령 28
형식 설정 17
호 도구, 그림 20
호 도구, 사용법 24, 25, 33, 76–77, 82, 85, 87
호 중심 찾기 도구 105–106
화살표 키, 움직임 제한 22–23
확대/축소 도구, 그림 20
확장 가게 102, 103–104
확장 관리자 103
확장 창고 102, 103
환영 화면 17
회전/복사 도구, 그림 20
회전/복사 도구, 사용법 44–45, 46, 92, 93
힌트와 말풍선 22–23

## 기타

CLF 호 중심 찾기 플러그인 105–106
LayOut 프로그램 13, 69, 73, 112
SketchUcation.com 102–104, 105, 106, 113
TIG–사출 도구 플러그인 105
TIG–용접 플러그인 106
3D 창고 54
3D 텍스트 도구, 그림 20

## 역자 후기

나의 목공 입문 시절을 돌이켜보면, 어떤 재료와 도구로 어떻게 만들어야 할지 너무 막연해서 아무것도 하지 못하고 몇 달을 고민하던 기억이 난다. 그때 나에게 이제 목공 프로젝트를 시작해도 되겠다는 확신을 준 것은 바로 스케치업이었다. 목공을 해보기 전에 먼저 익혀둔 스케치업은 혼란한 머릿속을 깨끗하게 정리해주었고, 시행착오를 줄여준 일등 공신이었다.

스케치업은 막강한 경쟁자들이 판을 치던 시기에 등장한 3D 모델링 도구이다. 3D 모델링 세계는 스케치업이 등장하기 전과 후로 나눌 수 있을 만큼, 스케치업의 위력은 대단했다. 대단한 기능 때문이라기보다는 초보자도 쉽게 배울 수 있는 직관적이고 편리한 작업 환경을 제공했기 때문이다. 내가 스케치업을 연습할 때, 어깨 너머로 보던 당시 초등학교 1학년이었던 아들도 스케치업으로 도형을 그리고 돌려가며 상상놀이를 하곤 했다. 그 정도로 스케치업은 쉽다.

목공에서의 유명한 격언 "Think twice, Cut once"는 스케치업의 중요성을 잘 보여준다. 실제 목공하는 과정을 3D 모델링을 통해 가상 체험해보면 자신감도 생기고 재료의 낭비도 줄이고 시간과 노력도 아낄 수 있다.

스케치업은 건축 분야에서 많이 사용된다. 하지만 엄밀한 도면보다는 조감도와 같은 프레젠테이션용으로 주로 활용되는 듯하다. 시중에 많은 스케치업 책이 나와 있지만 대부분 건축 분야에 대한 내용이고, mm 단위로 따져야 하는 목공과는 잘 맞지 않는다. 목공에서의 스케치업은 3D 모델링과 CAD 역할을 모두 해야 하고, 훌륭하게 해낼 수 있다.

이 책은 120페이지가량의 얇은 책이지만, 스케치업의 중/고급 내용까지 담고 있다. 꼭 새겨두어야 할 네 가지 규칙을 제시하고, 어려워 보이는 모델링 과제를 풀어가는 방법을 자세하게 소개하고 있다. 이 분량에 이런 충실한 내용을 담았다는 것이 신기할 정도이다. 그만큼 군더더기가 없다.

다만 모델링하는 과정을 묘사한 부분이 자칫 이해를 어렵게 할까 염려되는 점이 있어서, 따로 필요한 부분을 영상으로 만들어 유튜브에 올려두었다. 책과 같이 보면 큰 도움이 될 것이다. 아래 링크에서 확인할 수 있다.

https://btsweet.blogspot.com/2020/01/sketchup-success.html

요즘 같은 시대에 책을 읽는 것이 무슨 소용이냐는 의견이 많다. 스케치업을 다루는 유튜브 영상과 블로그 글이 넘쳐난다. 하지만 책을 읽는 것은 지식의 뼈대를 구축하는 것과 같다. 유튜브와 블로그에서 얻을 수 있는 단편적인 정보는 이 뼈대 위에 놓일 때 자신의 것이 될 수 있다. 유튜브 시대에 굳이 이 책을 번역한 이유도 이 때문이다. 스케치업의 시작은 이 책으로 하고, 자신의 필요에 따라 살을 붙여가길 바란다.

2020년 2월
금호동에서

# 저자 소개

### 데이비드 하임(David Heim)

데이비드 하임은 콜로라도에서 나고 자랐는데, 나중에 컬럼비아 대학을 다니기 위해 뉴욕시로 이사했다. 그는 대학에서 영어를 전공했지만, 대부분의 시간을 대학 신문을 만드는 데 쏟았다. 학부 졸업 후에 컬럼비아 언론 대학에 진학하여 석사 학위를 땄다. 그 후 28년 동안 컨슈머 리포트 잡지사에서 근무했다. 컨슈머 리포트를 떠난 후 그는 파인 우드워킹 잡지에 편집자로 참여했다. 거기서 3D 모델링 프로그램인 스케치업에 대한 어떤 은퇴한 엔지니어의 기사를 편집하면서, 스케치업을 처음 접하게 되었다.

그때 처음 스케치업을 쓰기 시작했는데, 지금은 거의 매일 쓰는 프로그램이 되었다. 그는 세 권의 스케치업 책을 편집했다. 그리고 집 근처의 Woodcraft 목공 상점, 코네티컷 밸리 목공 학교, 코네티컷 브룩필드 공예 센터에서 정기적으로 스케치업을 가르치고 있다. 또한 그는 400개가 넘는 전통 및 현대 가구의 모델을 제작하여 스케치업 3D 창고에 올려 두었다.

데이비드는 현재 부인 캐서린 포란과 아들 씨오도르와 함께 코네티컷에 살고 있다.

# 역자 소개

### 이재규

목공에 심취한 IT 엔지니어로, 인기 있는 목공 블로그 〈Bitter-sweet Story〉를 운영 중

## 도서출판 씨아이알의 관련 분야 도서안내

### 여러분의 원고를 기다립니다

도서출판 씨아이알은 목공예 분야의 좋은 책을 출판함으로써 목공예에 대한 관심 고취와 확산에 기여하고자 합니다.
목공예 분야의 책을 집필하거나 계획하고 계신 분들,
해외의 좋은 책을 번역하실 의사가 있으신 분들은 도서출판 씨아이알로 연락을 부탁드립니다.
책의 선정과 출간에 좋은 동반자가 되어드리겠습니다.
도서출판 씨아이알의 문은 날마다 활짝 열려 있습니다.

출판문의처  cir03@circom.co.kr
02)2275-8603(내선 605)

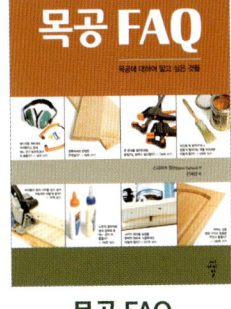

**목공 FAQ**
스파이크 칼슨(Spike Carlsen) 저 /
진재성 역 / 2019년 11월 /
364쪽(188*257) / 20,000원

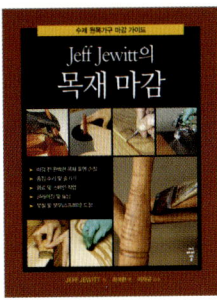

**Jeff Jewitt의 목재 마감**
JEFF JEWITT 저 /
최석환 역 / 2018년 9월 /
308쪽(222*275) / 34,000원

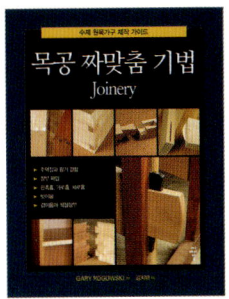

**목공 짜맞춤 기법**
LGary Rogowski 저 /
김지태 역 / 2017년 12월 /
408쪽(222*275) / 38,000원

**사랑 가득 엄마표 가구 만들기**
애나 화이트(Ana White) 저 /
이재규, 정복자 역 /
2017년 11월 /
196쪽(216*280) / 22,000원

**부조 조각의 정석**
Lora S. Irish 저 /
David Koh 역 /
2016년 11월 /
138쪽(216*280) / 18,000원

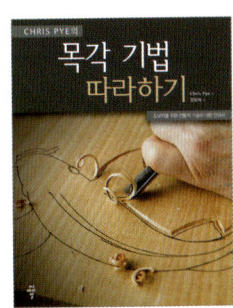

**Chris Pye의 목각 기법 따라하기**
Chris Pye 저 /
정복자 역 / 2016년 4월 /
160쪽(216*280) / 20,000원

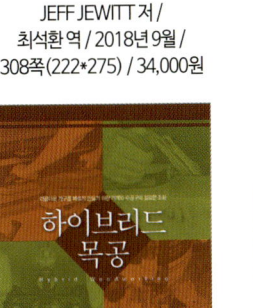

**하이브리드 목공**
Marc Spagnuolo 저 /
이재규 역 / 2016년 2월 /
192쪽(210*276) / 22,000원

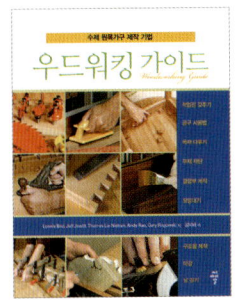

**우드워킹 가이드**
Lonnie Bird 외저 /
김지태 역 / 2015년 9월 /
328쪽(222*275) / 34,000원

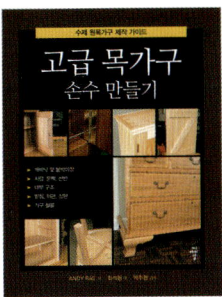

**고급 목가구 손수 만들기**
ANDY RAE 저 /
최석환 역 / 2015년 6월 /
328쪽(222*275) / 34,000원

**가구디자인**
Stuart Lawson 저 /
한정현 역 / 2015년 5월 /
228쪽(216*280) / 24,000원

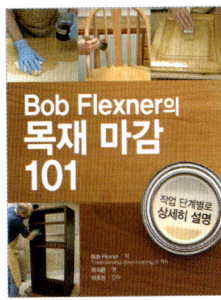

**우든펜의 정석**
Barry Gross 저 /
고득수 역 / 2015년 5월 /
152쪽(216*280) / 20,000원

**Bob Flexner의 목재 마감**
Bob Flexner 저 /
최석환 역 / 2013년 7월 /
152쪽(215*275) / 20,000원

**목공 기초**
Peter Korn 저 /
최석환 역 / 2013년 7월 /
192쪽(215*275) / 22,000원